PE. GIOVANNI MURAZZO

NADA É COINCIDÊNCIA, TUDO É PROVIDÊNCIA

EDITORA
SANTUÁRIO

Direção editorial:
Pe. Fábio Evaristo R. Silva, C.Ss.R.

Coordenação editorial:
Ana Lúcia de Castro Leite

Copidesque:
Sofia Machado

Revisão:
Luana Galvão

Diagramação e capa:
Bruno Olivoto

Dados Internacionais de Catalogação na Publicação (CIP)
de acordo com ISBD

M972n Murazzo, Giovanni

Nada é coincidência, tudo é providência / Giovanni Murazzo. - Aparecida, SP : Editora Santuário, 2021.
136 p. ; 14cm x 21cm.

Inclui índice.
ISBN: 978-65-5527-047-1

1. Religião. 2. Cristianismo. I. Título.

2020-2566 CDD 240
CDU 24

Elaborado por Vagner Rodolfo da Silva - CRB-8/9410

Índice para catálogo sistemático:
1. Religião : Cristianismo 240
2. Religião : Cristianismo 24

1ª impressão

Rua Pe. Claro Monteiro, 342 – 12570-000 – Aparecida-SP
Tel.: 12 3104-2000 – Televendas: 0800 0 16 00 04
www.editorasantuario.com.br
vendas@editorasantuario.com.br

"NADA É COINCIDÊNDIA, TUDO É PROVIDÊNCIA!"

Hortolândia 8/8/2018 e
Laranjeiras do Sul 1/5/2019

AMIGO/A CARÍSSIMO/A,

Quero partilhar com você uma breve reflexão sobre a parábola dos talentos (Mt 25,14-30).

O primeiro e o segundo servo foram elogiados, aprovados e entraram "na ***alegria de seu Senhor***". O terceiro servo foi reprovado por não ter iniciativa e ser preguiçoso! Ficou "paralisado" pelo medo. Eu, você e pessoas amigas somos convidados a imitar os primeiros dois servos e não cair na tentação do terceiro servo. Evitar o pecado de omissão não está a nosso alcance devido a nossa fragilidade humana, mas REDUZI-LO está, devido a nossa boa vontade.

Ontem recebi por parte do padre cantor, Joãozinho, a seguinte mensagem: ***"Existem verdadeiros tesouros escondidos em nós e nas pessoas que vivem conosco. Nosso desafio é encontrar e valorizar esses talentos. Às vezes, nem a própria pessoa sabe que aquele tesouro dorme dentro dela. Não sabe que tem capacidade de escrever um poema, de compor uma canção, de pintar um belíssimo quadro. Ela ainda não descobriu seu talento para a arte, para a culinária, para a li-***

derança... Por isso descobrir talentos, desenterrar TESOUROS é um ato de caridade e de solidariedade com nós mesmos... As pessoas nobres sabem como descobrir e valorizar tesouros e talentos".

Motivados por essa mensagem, convido você e suas pessoas amigas a ***SONHAREM COMIGO: o sonho que se sonha sozinho é só um sonho, o SONHO QUE SE SONHA JUNTO É A REALIZAÇÃO DO SONHO! Qual é o sonho que podemos SONHAR JUNTOS?***

Ao escrever um livro com este título, "***NADA É COINCIDÊNCIA, TUDO É PROVIDÊNCIA!***", cada um de nós é convidado a partilhar seu testemunho.

Podemos nos inspirar e motivar com as seguintes REFERÊNCIAS BÍBLICAS: Jó 5,6-34,21; Pr 5,21-16,9; Sl 22 e 146; Mt 10,29 ss; Rm 8,28.

(Veja Bíblia "AVE MARIA" página 1.589)

Com viva estima e renovada amizade, invoco sobre você e pessoas amigas a LUZ do Espírito Santo e a TERNURA de Nossa Senhora, ***RAINHA DA SIMPLICIDADE***.

Pe. Giovanni
Rua Manoel Ribas, 2037
CEP 85301-020 Laranjeiras do Sul, PR
Fone: (42) 3635-1413 Cel: (42) 99804-8051
e-mail: murazzogiovannisx@gmail.com

APRESENTAÇÃO

No ano de 2013, fiz a apresentação do livro de Pe. Giovanni "MISSIONÁRIO TERNURA DA FAMÍLIA TRINITÁRIA". No ano de 2017, fiz a apresentação do livro "MARIA, RAINHA DA SIMPLICIDADE". Agora, tenho a grande felicidade de apresentar o livro "NADA É COINCIDÊNCIA, TUDO É PROVIDÊNCIA".

Neste livro, o autor foi inspirado pelas palavras de papa Francisco "VIVEMOS NA GLOBALIZAÇÃO DA INDIFERENÇA". Para escrevê-lo apresentando a "GLOBALIZAÇÃO DA FRATERNIDADE E DA AMIZADE", Pe. Giovanni chegou a criar uma rede de pessoas amigas. Acreditou no potencial delas. Ele tornou-se um esperto beija-flor, cujo coração é 80% de seu peso.

Pe. Giovanni, com um coração grande e uma perseverante paciência, bateu à porta do coração das pessoas amigas. Entrevistou cada uma delas: "Você em sua vida já experimentou que 'NADA É COINCIDÊNCIA E TUDO É PROVIDÊNCIA?' Gostaria de contar sua experiência?" Nas páginas deste livro será derramada muita luz nas mentes e nos pensamentos de vocês, leitores. Receberão cativantes e emocionantes testemunhos.

Pe. Giovanni, além de partilhar os testemunhos de pessoas amigas, partilha conosco, também, testemunhos de seu cotidiano, destacando sua leitura de fé dos acontecimentos.

Essa leitura é como aquela "vara mágica" que nos leva a descobrir e admirar a "santa magia" com a qual a Divina Providência costuma nos surpreender no dia a dia. É uma leitura envolvente, que abre os horizontes da fé nos desafios e nas bênçãos de cada dia.

O autor deste livro partilha o sábio pensamento do famoso escritor Dostoiévski: "A vida é um Paraíso, e todos vivemos em um Paraíso, mas não queremos reconhecê-lo: se tivéssemos vontade de reconhecê-lo, amanhã mesmo se instauraria em todo mundo o Paraíso".

Parabéns ao Pe. Giovanni por sua ousadia ao nos oferecer esta pequena, mas significativa e gostosa amostra de sua espiritualidade de missionário xaveriano. Em nome da Família Trinitária e Nossa Senhora Aparecida, abençoo você e os leitores deste seu novo livro.

Dom Orlando Brandes
Arcebispo de Aparecida
23 de janeiro de 2020

INTRODUÇÃO

Gosto de lembrar uma "coincidência" que se transformou em especial "PROVIDÊNCIA"!

Durante uma reunião do conselho regional, que aconteceu em Santa Mariana, diocese de Cornélio Procópio, fui eleito reitor do Seminário Xaveriano de Londrina. A proposta veio do superior regional, Pe. Luigi Medici. Os outros três conselheiros concordaram e aprovaram. Minhas motivações para não aceitar essa responsabilidade não foram levadas em conta. Aceitei a decisão com muito sofrimento. Motivei-me pensando na obediência de Jesus.

No segundo dia do conselho, um dos conselheiros questionou-me: Você perdeu a fala, desde ontem não o escutei mais, nem sequer uma palavra... Respondi: Você não sabe que ontem para mim foi como "uma Sexta-feira Santa? Ele comentou: Agora entendo por que esta noite (dormíamos no mesmo dormitório dos seminaristas, que estavam de férias) escutei você gritar como se alguém lhe colocasse pregos!

Aconteceu que, durante os seis anos de meu mandato a serviço do seminário de Londrina, experimentei "momentos de paixão", a causa da revolta dos seminaristas. Para nós, batizados, não há "PAIXÃO SEM RESSURREIÇÃO". Um pequeno, mas eficaz, sinal de ressurreição aconteceu em Londrina por ocasião de um telefonema.

No dia 12 de maio do ano 1982, faleceu em São Paulo um confrade, Padre Domenico Rovedatti, que fazia parte também de minha comunidade de Londrina. Ele chegou ao Brasil depois que foi expulso da China. Dom Geraldo Fernandes, fundador das Irmãs Claretianas, juntamente com a Venerável Madre Leonia, bem como muitos outros padres, costumavam confessar-se com Pe. Domenico.

Quando fiquei sabendo que o corpo dele ia ser velado na igreja de Nossa Senhora de Fátima, a partir da madrugada do dia 13, comecei a telefonar aos padres que o conheciam. Coloquei em prática o ditado popular: Nascimentos e mortes devem ser anunciados! Comecei a comunicação com Pe. Elói, missionário Claretiano.

Eis as palavras de minha comunicação: Pe. Elói, faleceu em São Paulo Pe. Domenico. Amanhã, dia 13, festa de Nossa Senhora de Fátima, o corpo dele vai chegar a nossa igreja. Veja que bonita coincidência: Ele foi pároco por três vezes nessa paróquia! Padre Elói agradeceu e depois acrescentou: Pe. Giovanni, para quem tem fé NÃO EXISTE COINCIDÊNCIA, MAS PROVIDÊNCIA!"

Essa resposta de Pe. Elói ficou gravada em minha mente e em meu coração. O desafio e a bênção dessa expressão estão relacionados a nossa "leitura de fé" dos eventos que marcam nossa vida. A mensagem que recebi de Pe. Elói me cativou mais ainda depois que li a obra-prima de Santa Catarina de Siena: "A PROVIDÊNCIA!"

Essa verdade de fé está relacionada também à mensagem que papa Francisco nos deixou com sua vinda ao Brasil para a "Semana da Juventude". Durante a homilia da concelebração, realizada na Basílica de Aparecida, ele deixou-nos este recado: "Estejais sempre abertos às surpresas da Divina Providência!"

Como reagir quando recebemos surpresas humanas e divinas? Vivendo com o coração em festa, agradecendo, louvando e dando GLÓRIA À FAMÍLIA TRINITÁRIA com "nosso Magnificat". Esse é o caminho para experimentar a graça de festejar, acolhendo a irmã gêmea da GLÓRIA DA FAMÍLIA TRINITÁRIA, QUE É A FELICIDADE PARA A FAMÍLIA HUMANA.

Não tenho palavras para agradecer, de coração, às pessoas amigas que aceitaram meu convite para partilhar suas experiências, "tesouros escondidos", que podem renovar o entusiasmo de nossa caminhada rumo a "novos céus e novas terras..."

Pe. Giovanni Murazzo
PÁSCOA 2019

NADA É COINCIDÊNCIA, TUDO É PROVIDÊNCIA

Fé, confiança e perdão. Até aqui sou dirigida e amparada por Jesus. Tudo o que aconteceu e acontece hoje em minha vida é PROVIDÊNCIA DIVINA: ser filha, ter me casado, ser mãe, ter uma profissão e os vários outros acontecimentos... Minha missão é levar alegria, amor e perdão.

Experimentei passagens por etapas difíceis, seja na vida pessoal, seja na profissional. Porém, sempre com Deus "no comando" e confiando n'Ele, fui sempre amparada com solução divina. Repetia para mim mesma: "Nada é coincidência, tudo é Providência!"

Deus Pai me conhece e conhece meus irmãos: entregar-se a Ele é confiar em sua sabedoria e em seu amor. Procuro aceitar tudo aquilo que Jesus quer de mim nos acontecimentos pessoais, familiares e profissionais. Sempre tenho uma resposta certa e positiva por parte de Deus Pai, de sua Divina Providência.

Gosto muito do salmo 22: "O Senhor é meu Pastor e nada me faltará". Gosto também da experiência e do testemunho de São Paulo: "Tudo posso n'Aquele que me fortalece!"

Eis meus pilares espirituais: confiança e restauração. Quais minhas perspectivas aos 62 anos? Posso resumi-las assim: assumir a bênção de meu batismo com suas duas vocações, vocação à santidade e à missionariedade.

Aprendi, na pregação de um missionário da Congregação Xaveriana, a bonita e cativante imagem dos dois trilhos do trem. Ele dizia assim: enquanto o trem viaja sobre os dois trilhos, chega a seu destino. Enquanto o batizado se esforça para viver a vocação para a santidade e para a missionariedade, chega a seu destino. Há felicidade não somente no outro mundo, mas também neste mundo.

Encontrei em minha vida algumas pessoas que me questionavam: em sua vida e na vida de seus familiares, como sua atitude de fé na Divina Providência vai dar certo? Eu respondia: colocando Deus Pai em primeiro lugar, Deus no comando, e confiando em sua Divina Providência; Ele faz o melhor para nós!

Enfim, confiando na Divina Providência, sinto-me uma pessoa terna, alegre e feliz.

Dona Sirlene

Laranjeiras do Sul - PR

O PODER TRANSFORMADOR DA DIVINA PROVIDÊNCIA

Meu nome é Velieltom Tonelli, tenho 17 anos e sou de Nova Laranjeiras-PR. Faço parte do grupo de jovens JUSC (Jovens Unidos Seguidores de Cristo) da Paróquia São João Batista, na mencionada cidade.

Minha vida de oração sempre foi muito fomentada pelos meus pais e avós, que, sem dúvida, são grandes exemplos de fé e entrega e sempre fizeram questão de me manter a par dos preceitos do Catolicismo. Tive uma infância tranquila e feliz, da qual carrego lembranças extraordinárias; era uma alegria para mim quando nos reuníamos para rezar o Santo Rosário ou quando íamos à igreja. Minha família era bem estruturada e tudo corria bem.

As coisas começaram a mudar, no entanto, à medida que fui crescendo; meu corpo e minha mente passaram por mudanças, e aquele coração, que antes seguia com firmeza os preceitos morais e religiosos, passou a formular questionamentos e a procurar na razão aquilo que só a fé poderia explicar.

O ato de orar tornou-se incômodo, pois me sentia tão fatigado pelo pecado que já não era mais capaz de crer na sobrenaturalidade da Santa Igreja ou das Sagradas Escrituras; isso era para mim uma mera formalidade. Eu ia à missa aos domingos, "acreditava" em Deus, mas não o conhecia.

Esse vazio existencial tornou-me um ser frio e incapaz de sustentar a alegria em meu interior, o que, em parte, se devia ao bullying e à rejeição sofrida no início da adolescência, que deixaram em mim uma necessidade de vingança ou, talvez, de simplesmente encontrar alguém para culpar e depositar o peso de tamanha dor. Com os olhos ofuscados pela escuridão, eu culpei Deus, o único que poderia verdadeiramente me ajudar. Então, o sofrimento tornou-se cada vez maior, não porque Ele se afastara de mim, mas porque eu me afastara dele.

Minha família começou a perceber que eu havia mudado, estava irreconhecível, perdido em meio a um sofrimento que parecia infindável. Finalmente optamos por buscar ajuda terapêutica, inicialmente com psicólogas e depois com um psiquiatra.

Fui diagnosticado com depressão, cujo tratamento medicamentoso tornou-se parte de minha rotina; mas nada era capaz de sanar a dor de alguém que vivera, e ainda vivia, uma constante batalha em seu interior. Comecei a arquitetar planos para acabar com aquilo tudo, chegando a questionar o porquê de ainda estar vivo e não suportar esse fato.

Eu me sentia fraco e sujo; as crises se tornavam cada vez mais comuns. Nada parecia funcionar, nada era capaz de preencher aquele imenso vazio que sugava toda a minha vontade de viver e de ser feliz. Foi quando decidi, movido mais pelo desespero do que pela fé, aproximar-me daquele Deus, que era capaz de tão grandiosas obras na vida daqueles que nele depositavam confiança. Naquele instante, eu sentia que não havia nada mais a perder, deixei cair por terra todo o meu orgulho, meu entendimento e me lancei aos pés da cruz, onde, prostrado, clamei pelo Espírito Santo, que me revelou a natureza de um Deus imensuravelmente bom e amável.

Foi naquele instante que, em meio ao choro, eu tive coragem de pedir colo e contar a Ele tudo o que me machucava, crendo que Ele indubitavelmente iria me ajudar. Senti meu peito ser acalentado por tamanho amor, e, à medida que eu orava, sentia meu coração sendo curado e meus pecados sendo perdoados; senti vir à tona o verdadeiro desejo do Pai, que queria que eu despertasse para o amor e aceitasse ser guiado por Ele em direção à luz.

No início, meus olhos continuavam ofuscados, e eu quase não podia ver. Nesse processo todo, preciso destacar a importância da incessante intercessão da Virgem Maria, que funcionou como um portal rumo à graça e ao conhecimento de Deus. Sem ela eu jamais teria conseguido. Meu peito era incendiado por tanto amor! O Espírito Santo falava comigo de maneiras que eu sequer sabia que eram possíveis; eu já não podia me conter, precisava anunciar para o mundo todo o quanto nosso Pai era bondoso e quão grande era sua misericórdia.

É de costume nos encontros realizados pelo grupo de jovens, do qual faço parte, que, ao final, alguém se prontifique a partilhar a palavra no grupo de oração do mês seguinte. Após ser convidado por um dos coordenadores, decidi levantar a mão, estava selado meu destino, eu seria um pregador. Meses depois, busquei formação para pregadores no Encontro Diocesano de Formação (EDF), da Diocese de Guarapuava, e uma torrente de abundantes graças se derramou sobre mim.

Hoje, posso dizer que vivo em paz. Ainda existem problemas ou dores, mas simplesmente aprendi a ressignificar meus traumas, afinal de contas o amor verdadeiro é provado por meio da dor. Jesus foi pregado no madeiro e derramou seu sangue unicamente em prol de seu amor pela humanidade. Quando senti a presença do Pai e contemplei a imagem de Maria, pude sentir toda a escuridão ser convertida em luz.

Agora já não sou mais um escravo do pecado, sou um servo da justiça, uma vez que Jesus não é nosso juiz, é nosso advogado. A conversão é uma escolha diária, uma jornada que tem como destino a salvação de nossa alma, uma batalha nossa contra o pecado e contra nós mesmos. Minha mensagem a todos os jovens é que sejam fortes e corajosos e, mesmo em meio às quedas, sejam perseverantes e conservem o ânimo, pois somos todos filhos amados de nosso Pai.

Na hora certa, toda experiência há de fazer sentido, porque não somos frutos do acaso, mas sim um sonho de Deus. Ele é a origem e a finalidade de todas as coisas. Oremos para que estejamos sempre em plena consonância com sua palavra, pois, se estivermos em harmonia com o projeto que Ele tem para cada um de nós, a alegria nos visitará e nos sentiremos verdadeiramente vivos, uma vez que toda vida e toda criação só têm sentido quando seguem em harmonia com a vontade do Criador.

Velieltom Tonelli
Nova Laranjeiras - PR

NADA É COINCIDÊNCIA, TUDO É PROVIDÊNCIA

Estava tomando meu chopp na movimentada lanchonete "Apetit", quando vi chegar o padre Giovanni acompanhado pelo padre Crespin e pelo padre Elvis. Sentaram-se a uma mesa próxima da minha para lancharem.

Há uns vinte anos, padre Giovanni foi vigário da paróquia Santana. Naquele tempo, eu fazia parte de sua equipe do programa "Evangelho vivo", transmitido pela rádio Campo Aberto. Fui cumprimentá-lo e perguntei se ele se lembrava de mim e do programa.

Ele respondeu-me que sim e perguntou meu nome. Após as apresentações e boas vindas, voltei a meu chopinho com meus amigos. Alguns dias depois desse encontro, em um sábado pelas dez horas da manhã, eu acabava de levantar-me, fui atender o telefone: era o padre Giovanni que precisava conversar comigo porque tinha uma proposta a me fazer.

Quis saber qual, mas ele pediu que fosse até o seminário, pois preferia falar pessoalmente. Após uma hora, eu cheguei ao seminário. Estava muito curioso para saber qual era a proposta. Ele me propôs rezarmos o terço missionário, das 6h às 7h, caminhando pelo pátio.

Foi um choque. Não sabia o que passava pela minha cabeça. Eu costumava levantar-me todos os dias entre 9h e 10h. Somente aos domingos, levantava-me mais cedo para participar da missa das 7h30 e do coral da paróquia Santana. Eu só rezava o terço quando minha saudosa esposa Dina (falecida em 11/2/2018) insistia para acompanhá-la. Nas viagens que fazíamos, antes de ligar o rádio do carro, ela desejava primeiro rezar o terço.

No último ano de sua vida, quando íamos às consultas médicas para cuidar de sua saúde em Guarapuava e em Cascavel, sempre rezávamos o terço. Depois que ela voltou à casa do Pai, não rezei mais o terço, a não ser no sétimo dia de seu falecimento, diante do túmulo a convite de minha filha, Eva Wilma. E agora? O que ia responder ao padre Giovanni? Sua proposta foi uma surpresa que nunca podia imaginar.

Aceitá-la ia mexer com meu hábito de levantar um pouco mais tarde. Pensei: é a primeira vez que um padre me faz o convite de rezar um terço com ele... Se não aceitar, não vou ficar em paz. Decidi aceitar.

No dia seguinte, segunda-feira, às 6h, cheguei com meu carro ao pátio do seminário. Com o padre Giovanni, comecei minha aventura: "caminhar e rezar o terço". Depois de uma hora de caminhada, rezando os quatros terços: mistérios gozosos, luminosos, dolorosos e gloriosos, falei: padre Giovanni, hoje faz um ano de aniversário da morte de minha esposa Dina" (era dia 11 de fevereiro de 2019). Prontamente, com um tom de voz animado, ele respondeu: "NADA É COINCIDÊNCIA, TUDO É PROVIDÊNCIA". Hoje, dia 29 de abril, estou dando meu testemunho.

Faz dois meses e dezoito dias de minha aventura da reza do terço missionário todos os dias. Como não acreditar que essa aventura Mariana não era um presente de Nossa Senhora por intermédio da intercessão de minha esposa Dina.

Nelson Furini
Laranjeiras do Sul - PR

PROVIDÊNCIA DIVINA COM COLABORAÇÃO HUMANA

Certamente, alguém já conhece a história de um padre que, em sua casa paroquial, preparava uma homilia sobre a providência divina, quando foi surpreendido com a notícia de que uma barragem havia se rompido e as águas inundariam toda a cidade. Mas o padre resolveu continuar preparando sua homilia, acreditando que a providência divina o salvaria. Passados alguns instantes, o padre foi interrompido em sua meditação por um paroquiano que foi comunicá-lo que as águas da barragem já estavam invadindo a cidade e que tudo seria submerso por elas.

O padre disse que não se moveria de seu lugar, pois a providência divina haveria de socorrê-lo. Novamente foram alguns policiais com a mesma missão, e o padre continuou rejeitando o convite a se evadir do local, mesmo tendo percebido que as águas começavam a invadir sua residência. Quando toda a casa estava invadida, não lhe restou outra opção senão a de se colocar sobre o telhado.

Foi então que, por último, chegaram os bombeiros com um barco, insistindo com o padre para sair dali. Mas acabou morrendo afogado com sua marcante teimosia, característica de muitos padres...

Ao chegar ao céu, com a intimidade que costumava ter com Deus, foi logo protestando: "Meu Senhor, por que me deixou morrer afogado, justamente eu que confiava tanto em sua providência?" Então Deus lhe respondeu: "Mas eu mandei tantos mensageiros para socorrê-lo, e você não ouviu nenhum deles!"

A história é irreal, mas creio que pode se passar o mesmo conosco por acharmos que confiamos em Deus, mas, na realidade, confiamos em nossas próprias opiniões e não estamos abertos a suas surpresas em nossa vida e na vida do mundo.

Deus é surpreendente! Aliás, o papa Francisco gosta muito dessa afirmação e, em muitas ocasiões, tem nos exortado a permanecermos abertos às surpresas que Deus realiza em nossa vida e em nossa realidade.

No entanto, não podemos viver cegos dos olhos da fé, insensíveis às manifestações de Deus no cotidiano de nossa vida simples e humilde. A providência divina se realiza entremeada das circunstâncias humanas, mediante acontecimentos e encontros inesperados. Ela não deve ser confundida com as circunstâncias da vida, que são fruto simplesmente do "acaso" ou do jogo que se estabelece entre "sorte e azar".

Para isso deve existir sempre o discernimento espiritual e saber ler os acontecimentos com o olhar da fé. Igualmente, não podemos nos fazer inconscientes das responsabilidades humanas ou mesmo das "irresponsabilidades", decorrentes da liberdade com a qual Deus nos criou e que provoca danos irreversíveis, quando mal utilizada.

Não compartilho de leituras ingênuas e espiritualistas que atribuem as maiores catástrofes e as injustiças do mundo à responsabilidade divina. Certa ocasião, recebi uma dessas mensagens absurdas que circulam na internet, analisando a destruição das torres gêmeas nos EUA.

Nessa mensagem, falava-se das pessoas que não estavam no momento do ataque às torres e que foram salvas. Umas por estarem atrasadas para o trabalho, presas no trânsito; outras porque decidiram fazer alguma atividade antes do serviço. Essas pessoas foram salvas pela providência divina. E concluía: não reclame quando você estiver preso no trânsito, pois talvez Deus esteja querendo livrá-lo de alguma desgraça.

E então eu fiquei pensando nas pessoas que morreram por já estarem em seus escritórios ou então nos pobres bombeiros que deram a vida tentando salvar vidas. Quer dizer que Deus não as quis poupar dessa tragédia? Acho que é preciso um melhor discernimento, caso contrário vamos responsabilizar Deus por coisas que são consequências de nossas livres escolhas e decisões.

Quem confia no Senhor e coloca nele sua esperança sabe muito bem perceber as providências de Deus presentes no decorrer de seu caminho. Ao olharmos a estrada percorrida, as escolhas que fizemos, as decisões que assumimos, as pessoas que cruzaram nosso caminho, os lugares por onde andamos, os acontecimentos ocorridos, certamente saberemos reconhecer a bondade de Deus, que foi nos conduzindo com misericórdia e ternura.

Em minha vida sempre procurei me desviar daquilo que é incoerente com os ensinamentos da fé cristã. Uma grande incoerência para mim é pensar em um Deus intervencionista, que está sempre pronto a intervir, conforme nossas necessidades, ou ainda satisfazer nossa vontade e nossos caprichos.

Eu procuro compreender e fazer ver que Deus está constantemente presente em nossa vida, mesmo quando passamos por duras provações, dificuldades e sofrimentos. O desafio é saber viver tudo, serena e confiantemente, em sua presença, estando disponível a sua vontade e aberto a suas surpresas.

Não é simplesmente uma resignação, é aceitar as limitações impostas a nossa pobre natureza humana, as quais, muitas vezes, são frutos do pecado humano.

Quando alguém se descobre com um câncer, por exemplo, devemos nos perguntar sobre as condições de vida daquela pessoa, de sua alimentação, de seu meio ambiente, de suas tensões e seus conflitos, de sua carga hereditária... São inúmeros os fatores naturais, somados àqueles que têm sua explicação nas injustiças sociais ou irresponsabilidades humanas, como no caso do uso dos agrotóxicos que contaminam nosso alimento, ou ainda, da poluição de nossa água e do ar que respiramos.

Tenho assistido, com grande tristeza, a alguns irmãos padres, nos canais católicos e mesmo nas paróquias, promoverem uma relação pagã para com Deus, tentando assegurar certo "sucesso" de audiência ou de frequência em suas comunidades paroquiais. Vejo o povo sendo alienado em seu subjetivismo e individualismo exacerbados, nos quais a religião se transformou em um objeto de consumo.

Com práticas devocionais, apelando ao sentimentalismo religioso, a exemplo dos demais movimentos religiosos com seus "pastores", tem-se acentuado uma fé intimista, desligada totalmente da vida e da realidade que envolve as graves injustiças, na ordem político-social e econômica.

Na liturgia, empregam o espetáculo, até mesmo com práticas tradicionalistas, como a celebração de missas de costas para o povo, o uso novamente do latim, os paramentos exóticos e muitas velas e fumaça. Na pastoral, buscam enaltecer os prodígios e milagres com as práticas devocionais de impressionante criatividade: novena das mãos ensanguentadas; cerco de Jericó; imagens, pulseiras, terços e acessórios vários para garantir a proteção divina... Poderíamos até fazer um paralelo com a criatividade das igrejas pentecostais do mercado religioso, utilizando outras práticas, mas com objetivos muito semelhantes.

Nos ensinamentos se reproduzem posicionamentos extremamente tradicionalistas e pouco ecumênicos. A vocação missionária e profética da Igreja praticamente desapareceu, dando lugar a uma Igreja preocupada com suas aparências e com seu poder.

Apesar de procurar desfazer constantemente a imagem de um Deus milagreiro e que só está voltado para nossos problemas pessoais, nossas frustrações e necessidades, sou uma pessoa que jamais devo duvidar, nem sequer por imaginação, da providência divina. Eu a experimentei muitas vezes em minha vida pessoal, em minha família, nas pessoas com as quais pude conviver fraternalmente e nas comunidades por onde passei. Deus é infinitamente bom para comigo e para com todos os que nele confiam plenamente.

Jesus de Nazaré é a prova cabal para nós de que Deus intervém em nosso favor e vem a nosso encontro, ao encontro da miséria humana, de nossa sede mais profunda e da fome que temos de vida plena, de vida eterna.

Perspectiva da fé, na dinâmica da vida daqueles que procuram viver constantemente em Deus e que esperam dele o amparo de sua vida, nada é coincidência, tudo é providência!

Devemos deixar que o Senhor nos toque com seu poder curador. Ele ilumine nossos olhos para vermos os irmãos e os desafios da vida; ele converta nosso coração para que se faça sensível a seus apelos e tenhamos seus idênticos sentimentos de compaixão, de misericórdia e de amor; ele abra nossos ouvidos para escutarmos sua Palavra e os gritos dos povos excluídos e marginalizados; ele firme nossas mãos e nossos pés na construção de um mundo mais fraterno, justo e solidário. Vivamos mergulhados em Deus e deixemo-nos surpreender por Ele e por sua bondade!

Pe. Paulo Crozera
Presbítero da Arquidiocese de Campinas (SP)

NADA É COINCIDÊNCIA, TUDO É PROVIDÊNCIA...

Meu nome é Terezinha, tenho 52 anos, sou de família católica. Fui ensinada, desde pequena, por meus pais que a Igreja verdadeira é a Católica. Eles também me ensinaram as primeiras orações, as quais ainda permanecem e hoje em dia aumentaram mais ainda.

Nem sempre foi assim! Eu participava quando queria. Foram muitos domingos sem ir à celebração, e muito tempo sem assumir a missão a que Deus me chamava.

Até que no ano de 1997, Deus me chamou para eu me aproximar dele, pela Renovação Carismática Católica, que, até então, nem sabia o que era.

Não conhecia nenhum grupo de oração. Mas, como Deus é amor, ele usou minha irmã (que estava com um pequeno problema de saúde – garganta – não diagnosticado pelos médicos) para que eu conhecesse um Grupo de oração, para o qual minha irmã foi convidada e eu fui apenas de companhia; Deus me pescou esse dia.

Comecei a participar. A cada dia, eu me aproximava mais de Jesus, pois realmente precisava me sentir amada por ele, devido a todos os traumas e todas as situações por que havia passado em minha vida.

Meu servir a Deus na RCC cada dia crescia mais. No ano de 1999, aconteceram situações que entristeceram muito meu coração. (Nós, homens e mulheres, precisamos nos calar mais, pois, depois que falamos ou comentamos algo do irmão, podemos matar essa pessoa com uma palavra apenas.) Situações muito tristes mesmo, que hoje já não vêm ao caso explicar, porque o foco desta escrita é dizer sobre o amor misericordioso de Jesus por nós.

No ano de 1999, eu me afastei da RCC e, consequentemente, da participação na Santa Missa. Em todo o tempo em que fiquei sem participar, sofri muito, doeu meu coração lembrar as palavras que haviam falado e que " diziam ter sido o padre". Como Deus me ama e me doou o Espírito Santo, que revela verdades, começou a trabalhar em meu coração e me dar um coração novo. Pelo Acolhimento de outro padre, com o mesmo nome, eu retornei a frequentar as missas, e participar na RCC, e minha missão tornou-se cada dia maior.

Deus me levou aonde ele queria e curou meu coração. Cada dia, Ele renova essa aliança de amor comigo. E para minha grata surpresa, no início de 2019, ou seja, 20 anos após, eu soube que o padre daquela época estava voltando para nossa paróquia, e o Espírito Santo me impulsionou a procurá-lo. Marquei horário e fui.

Claro que o padre não me conhecia mais, nem lembrava de mim. Ao iniciar a conversa, fui direto ao assunto, pois o importante era falar sobre o acontecido e dizer o quanto Deus tem feito em minha vida e que eu amo a Igreja Católica, amo Jesus e amo os sacerdotes. Poder segurar nas mãos do padre, que todos os dias nos traz Jesus na Eucaristia, foi um momento de cura profunda de minhas lembranças.

Deus nos quer próximos dele sempre, e o Perdão é uma graça que Ele nos dá todos os dias; basta termos atitude, decisão, querer.

Coincidência o padre ter voltado para Laranjeiras? Não! PROVIDÊNCIA DIVINA, que me ama com amor eterno e não quer que nenhuma dúvida ou lembranças amargas fiquem em meu coração.

Eu posso escolher o que eu quero que fique em meu coração; optei pelo amor.

Não podemos ficar aprisionados aos pequenos revezes que aparecem em nossa vida.

Como diz esta Canção...

Ligado na videira verdadeira que alimenta a minha fé
O sangue derramado no calvário me fez livre (2x)
Eu sou livre, eu sou livre, eu sou livre, eu sou livre, eu sou.

Deus seja glorificado por tudo.

Paz e Bem.

Terezinha
Laranjeiras do Sul - PR

A PROVIDÊNCIA DE DEUS FOI MEU ALICERCE

Prezado amigo, Pe.Giovanni Murazzo,

Com certa demora, mas com muita alegria, escrevo-lhe este pequeno texto. É um grande prazer termos sua presença novamente aqui em nossa Paróquia Sant´Ana. Sua vida e sua missão muito me inspiram e me fortalecem. Incansável missionário, sua presença e seu testemunho de vida nos revelam o amor e a misericórdia de Deus.

Hoje, domingo, não *"por coincidência"*, mas por grande *"Providência"*, 4º Domingo da Páscoa, *"Dia do Bom Pastor"*, vejo em sua maneira de ser e em sua pessoa a presença do Bom Pastor: calmo, moderado, com uma expressão sempre alegre e simpática no rosto.

Compartilho com você que, nesta minha caminhada de filho de Deus, nestes cinquentas e tantos anos de vida, já vivenciei um pouco de tudo. Houve muitas situações de alegrias e contentamentos, algumas realizações, muitas contradições, muitas incertezas, muitas dúvidas e, é claro, muitos erros e muitas quedas.

Mas lhe falo que a misericórdia e a Providência de Deus foram meu alicerce. Foram tantas as ocasiões em que pude constatar a presença e a Providência de Deus, sentir como Ele age em nossa vida. Sempre que me deparei com momentos difíceis, nos quais parecia tudo perdido, tudo sem solução, a presença de Deus foi constante. Nem sempre eu compreendia, mas, repensando os fatos com clareza e discernimento, pude sentir que a Providência de Deus é muito constante em minha vida.

Não me canso de agradecer a Deus tudo que Ele já fez e faz por mim. Muitas vezes, julgo-me indigno de tanto amor e tanta misericórdia e, com humildade, em minhas orações, sempre peço a Deus ser digno de participar de seu Reino. Tenho como lema e esperança nesta minha caminhada a seguinte passagem bíblica: *"Eis que estou convosco todos os dias, até o fim do mundo"* (Mateus 28,20). Muito obrigado, Pe. Giovanni, por essa preciosa oportunidade.

Gilmar Veronese
Laranjeira do Sul - PR

CONVITE INESPERADO E ABENÇOADO

No dia 28 de agosto, recebi um telefonema de meu confrade padre Jair Julião, o qual me fez um convite inesperado. Ele me convidou, em nome de padre Rafael Lopes, superior regional dos Padres Xaverianos, para substituí-lo na casa regional por dez dias, mais precisamente de 11 a 21 de setembro.

A motivação de Pe. Jair foi muito cativante: "Eu tenho um compromisso em Maringá, abençoarei um casamento. O senhor já esteve aqui sete anos como superior regional. Conhece bem a casa, conhece também o mosteiro das Irmãs da Visitação e, aqui, há pessoas amigas... Pode voltar a caminhar com seu amigo Gilberto, motorista de táxi, no parque da Aclimação... É a pessoa certa para me substituir".

Minha resposta foi a seguinte: Pe. Jair, caríssimo, agradeço, de coração, seu convite! Porém minha decisão está condicionada ao parecer de minha comunidade. Vou dialogar com o Pe. Alfiero e Pe. Lucas antes de decidir. No dia seguinte, os dois padres, com as suas agendas em mãos, assumiram alguns de meus compromissos na paróquia São Guido Maria Conforte e me deram sinal verde. No dia 12 de setembro, às 5h15, fui caminhar no parque da Aclimação.

Às seis e trinta, Gilberto, com seu táxi, levou-me para a capela das Irmãs. Depois de rezar as Laudas com elas, celebrei a Santa Missa. Às nove e trinta, conforme já havíamos combinado, o amigo Gilberto veio buscar-me para visitar nosso comum amigo Ângelo (o português), dono da padaria Maria Rosa, que fica na rua Guimarães Passos, nº 320, Vila Mariana.

A acolhida do senhor Ângelo foi calorosa, cordial e cativante, além das expectativas. Logo nos ofereceu o tradicional cafezinho para acompanhar a reciprocidade das notícias dos últimos dois anos. Depois de me despedir do Sr. Ângelo, cumprimentei a moça que estava no caixa:

– Menina crescida, como você se chama?

– Giovana!

– Não é possível... é minha xará? Meu nome é Pe. Giovanni.

– Em que dia você aniversaria?

– Fiz aniversário ontem!

– Então, parabéns pelo aniversário de ontem! Posso dar um presente bíblico para você?

– Claro que pode... Gostaria mesmo...

– Vai ler o capítulo quinze do Evangelho de São João. A amizade com Jesus é o melhor presente que podemos dar a nós mesmos, e, na ocasião de nosso aniversário, é crescer...crescer...crescer... na amizade com Jesus... O resto nos é dado por acréscimo.

Gilberto, sorrindo, comentou: Nada é coincidência, tudo é providência! Entrei no táxi de Gilberto e pedi que me levasse para a loja de xerox, que fica na rua Machado de Assis, na frente da livraria das Irmãs Paulinas. Agradeci com um cordial sorriso ao meu amigo Gilberto. Entrando na loja de xerox depois de dez anos, cumprimentei o dono: lembro-me do seu rosto, mas não me lembro de seu nome...

– Meu nome é Gildo!

– Gostaria de saber em que dia o senhor aniversaria.

– Fiz aniversário agora, dia nove, dois dias atrás.

– Parabéns atrasados, mas ainda válidos?

– Claro que sim, agradeço; agradeço igualmente...

– Para que eu possa lhe dar os parabéns no dia nove de setembro do ano que vem, pode dar-me o número de seu celular?

Com um sorriso nos lábios, que iluminava todo o seu rosto, deu-me o telefone da loja e de sua residência. Apresentei ao senhor Gildo meu pedido do xerox. Ele passou meu pedido a um dos cincos empregados e continuou a dialogar comigo. Chegou a partilhar sua vida: Eu fui batizado, crismado, casei na Igreja Católica há quarenta e seis anos, mas eu não frequento. Minha esposa e meu filho frequentam por mim.

Convidei-o, então, para participar da missa, no dia seguinte, na capela dos missionários Xaverianos.

– Eu vou celebrar às oito horas na capela das Irmãs da Visitação e às nove e trinta na casa dos Xaverianos. Sabe onde fica?

– Sei. Fui várias vezes para entregar xerox. Vou comunicar o convite a minha esposa e a meu filho. Pode ser que eles me arrastem.

Pe. Giovanni
Laranjeiras do Sul - PR

PROVIDÊNCIA DIVINA: REVELAÇÃO DE DEUS-AMOR

No mundo atual, nossa sociedade procura apontar como caminho para a felicidade o consumismo, a aquisição contínua e exagerada de bens e o hedonismo, a busca cada vez maior do prazer. Essas motivações levam ao egoísmo e ao individualismo; o ser humano, muitas vezes, é visto somente como objeto de lucro e de satisfação pessoal, torna-se excluído da sociedade, e Deus é colocado à margem da vida humana.

A reflexão e nosso testemunho de vida sobre a PROVIDÊNCIA DIVINA, que atua constantemente em toda a criação e na vida de cada pessoa, são fundamentais para a transformação dessa realidade.

O que entendemos por "Providência"? Fui procurar no Dicionário o significado dessa palavra. Fiquei emocionada com a definição: do latim "*providentia*": 1."*Providência é a suprema sabedoria com que Deus conduz todas as coisas*". 2."*O próprio Deus*". 3. "*Pessoa que protege ou ajuda outrem*"[1]. Definições de sentido verdadeiro e teológico.[1]

Durante nossa vida, muitos de nós caímos na "tentação" de nos acharmos "o tal", que somos superinteligentes, autossuficientes e donos da verdade. Essa postura não reflete a verdadeira realidade do ser humano. Podemos, sim, ter muitos dons naturais e espirituais (dados por Deus), muitas qualidades, bastante conhecimento em determinadas áreas e estarmos com a verdade em certos momentos; contudo o importante é aprofundarmo-nos no fundamento de toda essa realidade da pessoa humana. Qual nossa origem, de onde viemos e para onde vamos?

1. A "PROVIDÊNCIA DIVINA" NA CRIAÇÃO

Desde jovem, eu já tinha uma postura, diante da vida, de questionamentos sobre as coisas criadas, sobre por que Deus nos criou, para que vivemos e qual nosso objetivo aqui na terra. DEUS é infinitamente Poderoso. Ele tem a "plenitude" de tudo aquilo que nossa mente pode imaginar: a bondade, a compaixão, a misericórdia, a sabedoria, o conhecimento, a grandeza. O que DEUS é vai além, ultrapassa toda a nossa compreensão e nosso entendimento.

Por que e para que Ele quis nos criar? Um dia, quando morávamos em Pouso Alegre, Minas Gerais, enquanto eu estava fazendo o almoço para a família, vieram a minha mente muitos questionamentos sobre a "reencarnação". À medida que procurava compreender seus fundamentos, fui tendo um entendimento interior profundo, uma iluminação como resposta a minhas primeiras interrogações: "De onde viemos, por que Deus nos criou, qual nosso destino?"

Entendi, perfeitamente, que DEUS É AMOR! Como Amor, Ele não é isolado, é "COMUNHÃO" - "COMUNHÃO NA TRINDADE": Pai, Filho e Espírito Santo. Como AMOR COMUNHÃO, Ele quis revelar e participar desse seu Amor na "Criação" do mundo e, especialmente, dando vida ao ser humano, de uma forma única, diferente dos outros seres: "*Façamos o homem à nossa imagem e semelhança*" (Gn 1,26). A CRIAÇÃO é, portanto, a explosão do AMOR DE DEUS (meu modo de entender).

A partir dessa graça que recebi, entendi que "tudo que existe, tudo que temos, tudo que somos" tem seu início, sua origem na PROVIDÊNCIA DIVINA, nesse infinito AMOR DE DEUS por nós. Não poderia deixar de testemunhar essa experiência, partilhando-a com todos os que irão ler esta mensagem. Essa experiência espiritual me fez entender e penetrar, um pouco mais, no infinito AMOR DE DEUS por todos nós. "*O Deus, que fez o mundo, e tudo que nele há, é o Senhor do céu e da terra. É Ele quem dá a todos a vida, a respiração e todas as coisas.*"

"*Tudo isso, para que procurem a Deus e se esforcem por encontrá-lo como que às apalpadelas, pois na verdade Ele não está longe de cada um de nós*" (At 17,24-25.27).

2. A "PROVIDÊNCIA DIVINA" EM NOSSA REDENÇÃO

Apesar de toda experiência que o ser humano fez do "Amor de Deus" manifestado na criação, devido à liberdade que o Senhor lhe concedeu, a mulher e o homem caem no pecado, "querem ser como deuses" (Gn 3,5). Eles perdem a graça santificante de poder gozar da "felicidade eterna na glória de Deus" – seu Projeto, desde a criação do mundo para todo ser humano. DEUS É AMOR: Ele quer a salvação, a completa felicidade de todos os seus filhos. DEUS envia JESUS CRISTO, seu FILHO único para redimir nossos pecados.

Quão grande o mistério desse Amor de Deus! O Criador assume a natureza da criatura humana, torna-se verdadeiramente "HOMEM" com todas as limitações, as imperfeições do ser humano. Nasceu como toda criança, teve que aprender tudo, foi em tudo semelhante ao homem, menos no pecado. O "Divino é humanizado, o humano é Divinizado. Jesus assumiu todos os pecados da humanidade.

Ele nos redimiu, por sua vida, paixão e morte na cruz, porque Deus quer a salvação de todos os homens. Portanto, não há necessidade de cada pessoa humana retornar ao mundo depois de sua morte, para se purificar. Essa é a PROVIDÊNCIA DIVINA: desde toda a eternidade, DEUS quer partilhar seu Amor, o AMOR DA TRINDADE, dando a todo ser humano a possibilidade de participar de SUA GLÓRIA e da FELICIDADE ETERNA.

Com a Revelação do "AMOR DO PAI" por nós, por intermédio de seu Filho JESUS CRISTO, encontramos o "sentido para nossa vida aqui na terra". A PROVIDÊNCIA DIVINA está presente em todos os momentos de nossa vida. DEUS não nos abandona. Às vezes, questionamos sua presença nos momentos de dor e sofrimento. Jesus, como homem, assumindo nossa natureza humana, também fez essa experiência no calvário: "*Meu Deus, meu Deus, por que me abandonastes?*" (Mt 27,46). Mas Ele sabia que o Pai estava ali a seu lado, sabia que o Pai "não o abandonaria", por isso Jesus vai dizer : "*Pai, em tuas mãos entrego meu espírito*" (Lc 23,46).

A PROVIDÊNCIA DIVINA se manifesta na Pessoa de Jesus Cristo, principalmente nos momentos de sofrimento: na doença, no desemprego, no abandono, na morte do ente querido, nos momentos de dor de cada pessoa humana.

O próprio Jesus, enviado pelo Pai, para solidarizar-se com todo ser humano, revelou-nos que Ele se torna presente naqueles que sofrem: "*Tive fome e me destes de comer; tive sede e me destes de beber; era peregrino e me acolhestes; nu e me vestistes; enfermo e me visitastes; estava na prisão e viestes a mim*" (Mt 25,35-36). Também são instrumentos e presença do "Amor de Deus" os médicos, os enfermeiros, os profissionais da saúde, os familiares, os agentes de pastorais; todos os que se compadecem daqueles que sofrem tornam-se a "Providência Divina" nos momentos de sofrimento.

3. VIVENCIANDO A "PROVIDÊNCIA DIVINA" NA DOENÇA

No final do ano 2000, tive o diagnóstico de câncer no sangue: linfoma. O médico, para me consolar, disse que a expectativa de minha vida era de cinco anos e que a medicina estava muito evoluída, por isso eu não precisava me preocupar.

No dia seguinte, procurei a ajuda de um psicólogo (um ex-sacerdote). Sua secretária atendeu-me muito bem. Depois que lhe contei o motivo daquela consulta, ela me disse: "a vida é dom de Deus, não do médico". Saí do consultório mais animada, acreditando em suas palavras e decidida a viver o tempo que o Senhor me concedesse de vida, da melhor maneira possível. Um dia, amanheci totalmente prostrada fisicamente, senti-me já, um pouco, do outro lado desta vida, mas, ao mesmo tempo, uma "paz" muito grande; senti que a morte não era tão ruim, como se esperava. Depois disso, passei por sete meses de quimioterapia.

As palavras proféticas daquela moça tão simples, mas sábia, foram realizadas. A PROVIDÊNCIA DIVINA operou em minha vida: fui tratada por um médico muito sensível à dor humana, que me disse: "vou cuidar da senhora como se fosse minha mãe". Assim aconteceu.

Quando a ele levei o resultado dos exames em que constava a cura da doença, ele levantou de sua cadeira, veio até mim e me abraçou fortemente. Até hoje, emociono-me quando me lembro desse dia. "*O Senhor se aproxima daqueles que o invocam com sinceridade. Ele satisfará o desejo dos que o temem, ouvirá seus clamores e os salvará. O Senhor vela por aqueles que o amam*" (Sl 144,18-20).

4. VIVENCIANDO A "PROVIDÊNCIA DIVINA" NA MORTE

Pedro, em sua Primeira Epístola, versículo 5, capítulo 10, alerta-nos para nossa confiança em Deus: "*O Deus de toda graça, que vos chamou em Cristo à sua eterna glória, depois que tiverdes padecido um pouco, vos aperfeiçoará, vos tornará inabaláveis, vos fortificará*". Essas palavras de Pedro, na Bíblia, foram vivenciadas por nosso filho Geraldo, que estava casado e morando em Curitiba.

Sua esposa estava fazendo curso de preparação para Juiz de Direito. Indo uma noite buscá-la, seu carro, que já estava quase chegando a sua residência, foi atingido gravemente por outro carro, dirigido por uma pessoa alcoolizada. Sua esposa faleceu na hora, ele e sua filhinha de quatro anos, que ficaram bastante feridos, com fraturas no corpo, foram hospitalizados. Nós, seus pais e seus irmãos, fomos imediatamente para lá.

Nesse momento de tanta dor e tanto sofrimento, pudemos experimentar a PROVIDÊNCIA DIVINA. Deus estava presente conosco por meio da dedicação dos médicos, dos enfermeiros, dos amigos e chefes de trabalho de nosso filho, dos membros do Movimento das Equipes de Nossa Senhora, ao qual eles pertenciam, e também dos sacerdotes. Foi indescritível também a reação de nosso filho, com relação à pessoa que provocou o acidente. Em nenhum momento, ele a condenou, ou desejou-lhe o mal, ou o castigo de Deus.

Deus o revestiu do dom da fortaleza: aos poucos ele foi se recuperando, assumindo com coragem as consequências desse acontecimento, percebendo, inclusive, a necessidade de deixar o trabalho e voltar para São José dos Campos, porque não havia naquela cidade ninguém da família para ajudá-lo a cuidar de sua filhinha, que foi gravemente atingida pelo acidente.

A Providência Divina atuou também em sua vida profissional, pois conseguiu logo um novo emprego. Depois de dez anos, o Senhor apresentou a ele sua atual esposa, que também é viúva e tem uma filhinha. Hoje eles se compreendem e são felizes. "*Louvai o Senhor, porque Ele é bom. Ele cura os que têm o coração ferido; cuida-lhes das chagas. Cantai ao Senhor um cântico de gratidão*" (Sl 146,3.7).

5. A "PROVIDÊNCIA DIVINA" CONDUZINDO A VIDA HUMANA

Não poderia deixar de testemunhar a PROVIDÊNCIA DIVINA na vida de nossa filha única. Ela, com Mestrado na área de Engenharia, mas formada em Marketing, desejou completar sua formação fazendo o Doutorado. Preparou-se durante dois anos com esse objetivo, realizou testes extremamente difíceis, que eram obrigatórios para participar do processo seletivo do Programa "Ciências Sem Fronteiras" do Brasil, tais como o TOEFL (*Test of English as a Foreign Language*), e para conseguir uma bolsa para o doutorado no exterior. Não foi aprovado seu pedido, talvez pela crise financeira de nosso país.

Nossa filha, então, enviou seu projeto para algumas Universidades dos Estados Unidos. Depois de tanto esforço, muito investimento e muita doação para atingir seu desejo, a negação gerou uma frustração muito grande. Ela estava nesse estado de espírito quando hospedávamos, em nossa casa, Dom João Bosco Óliver de Faria, Arcebispo da cidade de Diamantina, Minas Gerais, que veio a São José dos Campos (SP) para conduzir e animar um evento da Pastoral da Saúde Diocesana. Conversando pessoalmente com ela, Dom João Bosco lhe perguntou se ela aceitaria a oração de uma senhora, conhecida dele, por telefone.

Concordando, no dia seguinte, às 7h30, essa pessoa fez, por telefone, a oração para nossa filha. Por volta das 17h30, do mesmo dia, ela recebeu um e-mail de um professor de uma Universidade dos Estados Unidos, oferecendo-lhe uma bolsa para o doutorado e ainda uma oportunidade de receber uma remuneração, caso aceitasse trabalhar em uma determinada pesquisa dessa Universidade.

Não há palavras humanas que possam expressar nossos sentimentos diante de tão grande "AMOR DE DEUS" por nós e de sua "PROVIDÊNCIA" em nossa vida e na vida de nossa filha. "*Põe tuas* delícias *no Senhor, e os desejos de teu coração ele atenderá*". "*Confia ao Senhor tua sorte, espera nele, e ele agirá*". "*No silêncio, abandona-te ao Senhor, põe tua esperança nele*" (Sl 36,4.5.7). "*Há muitos planos no coração do homem, mas é a vontade do Senhor que se realiza*" (Pr 19,21).

Não poderia deixar de testemunhar também esse Amor de Deus, que realiza sua vontade em nossa vida se nos deixarmos guiar por Ele, pois Ele respeita nossa liberdade. Participando de uma Reunião da Diocese com os coordenadores de pastorais, no intervalo para o lanche, fui conversar com o padre Djalma Lopes Siqueira, que substituía nosso Bispo Dom Moacir Silva, que foi transferido para outra Diocese. Comentei com ele sobre a postura humilde do papa Francisco e do papa Bento XVI em relação à Encíclica "*Lumen Fidei*" (A Luz da Fé).

O papa Francisco afirma na Encíclica: "*Bento XVI já tinha quase concluído o primeiro esboço desta encíclica sobre a fé. Estou-lhe profundamente agradecido (...) assumo seu precioso trabalho, limitando-me a acrescentar ao texto alguma contribuição nova*". Fiquei "tocada" quando li esse texto. Bento XVI dá sua colaboração na Encíclica; o papa Francisco confessa ter feito alguns acréscimos.

Exemplos de "humildade" para os fiéis do mundo inteiro. Terminada essa reunião, quando me despedi do Pe. Djalma, ele me disse: "*você tem perfil para estudo de teologia*". Depois de um ano, foi aprovada pelo MEC a "Faculdade de Teologia de São José dos Campos". Senti-me motivada a fazer o curso; aquele padre foi o instrumento de Deus, o chamado, a "Providência Divina" em minha vida para que eu fizesse a Faculdade de Teologia.

Recebi o Diploma de Bacharel em Teologia em dezembro de 2017. Tenho plena consciência de que "minha vida" é de Deus, quero viver para Deus, com Deus e em Deus. Quero "*Servir o Senhor, com alegria*" (Sl 99,2).

6. A "PROVIDÊNCIA DIVINA" EM NOSSA VIDA FAMILIAR

"O Senhor é o Pastor que nos conduz. Nada nos faltará" (Sl 22,1ss). "*Espera no Senhor e faze o bem; habitarás a terra em plena segurança*"; "*Põe tua confiança no Senhor e segue seus caminhos*" (Sl 36,3.34). Em nossa vida familiar, fizemos, nesses mais de cinquenta anos de casados, a experiência de Deus caminhando conosco. Conheci meu marido entrando na casa de meus pais, para nos fazer uma visita. Ele tinha saído do Seminário da Congregação do Sion, depois de oito anos. Deus nos preparou um para o outro; casamo-nos.

A Providência Divina esteve presente em toda a nossa vida de casados: na área profissional, dando a oportunidade de meu esposo passar no concurso do Banco do Brasil, que nos proporcionou certa segurança material; e na área espiritual, pois participamos do Movimento das Equipes de Nossa Senhora de espiritualidade conjugal durante vários anos.

Fomos instrumentos de Deus para levar esse movimento para a cidade de Pouso Alegre (MG), onde estávamos residindo. Recebemos o apoio de Dom José D'Angelo Neto, bispo dessa Diocese, na época (hoje falecido). Participamos também do Movimento Cursilho de Cristandade e da Renovação Carismática Católica, que muito nos ajudaram no crescimento de nossa fé, na perseverança nos caminhos do Senhor em nossa vida familiar.

Voltando para São José dos Campos, onde residimos atualmente, Jesus enviou também duas pessoas a nossa casa para me convidar para participar da "Pastoral da Saúde", da qual fui Coordenadora Diocesana, vários anos. Vivenciei nessa missão as palavras de Jesus: "*Não fostes vós que me escolhestes, mas eu que vos escolhi*" (Jo 15,16). Toda essa "Providência divina" em nossa família manifesta-se também na opção religiosa cristã de nossos quatro filhos, os dois casados e os solteiros, um filho e uma filha, que seguem a fé católica.

7. PROVIDÊNCIA DIVINA É O PRÓPRIO DEUS

Estes testemunhos da PROVIDÊNCIA DIVINA em nossa vida é necessário manifestá-los e testemunhá-los a nossos irmãos de todas as crenças, a todos que creem em Deus. Como filhos amados de Deus em seu Filho Jesus Cristo, devemos manifestar também nossa "AÇÃO DE GRAÇAS", nosso amor e reconhecimento por tudo que recebemos de Deus-Pai.

A "Providência e Amor de Deus" não podemos entender só e simplesmente como a "ação" de Deus em nossa vida. DEUS É AMOR, portanto "A PROVIDÊNCIA É O PRÓPRIO DEUS", que se manifesta em cada ser humano, que atua na vida humana e em toda criação, em todos os seres vivos, plantas e animais, em todo o planeta e em todo o universo: *"Porque é nele que temos a vida, o movimento e o ser"* (At 17,28)."*Todos os seres esperam de vós que lhes deis de comer em seu tempo. Vós lhes dais e eles o recolhem e se fartam de bens*" (Sl 103,27). "*O Senhor olha os caminhos dos homens e observa todas as suas veredas*"; "*O coração dos homens dispõe os seus caminhos, mas é o Senhor que dirige os seus passos*" (Pr 5,21; 16,9).

Como nós, criaturas humanas, podemos chegar até Deus para louvá-lo e agradecer-lhe tudo o que Ele nos tem dado? A única forma de nossa ação de graças chegar a DEUS-PAI é por meio da intercessão de seu Filho Jesus Cristo, na unidade do Espírito Santo. Deus enviou seu único Filho Jesus Cristo por amor a cada um de nós e para nossa salvação. Ele assumiu nossa natureza humana e se fez "um de nós"; tornamo-nos seus irmãos, irmãos uns dos outros e todos nós filhos do mesmo Pai. Depois de sua Ressurreição, ele disse a Maria Madalena: "*Vai a meus irmãos e dize-lhes: subo para meu Pai e vosso Pai, meu Deus e vosso Deus*" (Jo 20,17). Por isso ELE se ofereceu ao Pai no lugar de cada um de nós, por meio de sua vida terrena, paixão e morte na cruz.

Ele é o Filho de Deus, "ELE É DEUS, A PROVIDÊNCIA DIVINA", presente em nossa vida, em nossa história. Ele passou sua vida inteiramente comprometido com aqueles que sofrem: curando muitos doentes e possessos de demônios (Mt 8,16; Lc 7,21), leprosos (Mt 8,3; Lc 17,12); levantando do leito os paralíticos (Mc 2,11, Mt 8,13); fazendo mudos falarem, surdos ouvirem e cegos enxergarem (Lc 7,21-22; Mc 7,32-35; 8,22-25); ressuscitando mortos: Lázaro (Jo 11,43-44), a filha de Jairo (Lc

8,54-55), o filho único da viúva de Naim (Lc 7,11-15); comendo com os pecadores (Lc 19,7); e perdoando os pecados (Lc 15,11-32; Jo 8,3-11). Ele é a presença de Deus no meio de nós. "*Jesus percorria todas as cidades e aldeias curando todo mal e toda enfermidade*" (Mt 9,35).

Jesus Cristo foi enviado ao mundo por Deus-Pai para a salvação de todos os seus filhos, pois os criou para um dia gozarem da "Felicidade Eterna". Jesus veio para "revelar" o próprio Deus-Amor no meio de nós: "*Aquele que me viu viu também o Pai... Estou no Pai, e o Pai, em mim*" (Jo 14,8-11). Jesus é Deus caminhando com seu Povo, é a PROVIDÊNCIA DIVINA presente continuamente na vida de seus filhos!...

8. A PROVIDÊNCIA DIVINA NA IGREJA DE JESUS CRISTO

Jesus prepara seus discípulos, os Apóstolos, para darem continuidade em sua missão aqui na terra, quando ele voltar para a casa do Pai: "*Conferiu-lhes o poder de expulsar os espíritos imundos e de curar todo o mal e toda a enfermidade*" (Mt 10,1), e promete ao *Paráclito dizendo:* "*o Espírito Santo, o Espírito da Verdade, que o Pai enviará em meu nome, irá ensinar-vos todas as coisas e vos recordará tudo que vos tenho dito*" (Jo 15,17.26). Eles passam a compreender tudo o que Jesus anunciou e testemunhou com seu poder. É Jesus instituindo sua IGREJA.

Depois da Ressurreição de Jesus Cristo, a PROVIDÊNCIA DIVINA, o Amor incondicional do Pai por seus filhos, continua presente no meio de nós. Antes de sua ascensão ao céu, Jesus aparece aos Onze e pede-lhes que continuem sua missão de revelar DEUS-AMOR e PAI a todos seus filhos, por meio de sua Igreja: "*Ide por todo o mundo e pregai o Evangelho a toda criatura.*

Quem crer e foi batizado será salvo"... "*expulsarão demônios em meu nome, falarão novas línguas.... imporão as mãos aos enfermos e eles ficarão curados*" (Mc 16,14-18). Jesus prometeu estar com eles: "*Eis que estou convosco todos os dias até o fim do mundo*" (Mt 28,20). Jesus concretiza essa promessa com sua presença na EUCARISTIA: o Pão Vivo, que desceu do céu, nossa força, nosso alimento para nossa caminhada nesta vida terrena.

A PROVIDÊNCIA DIVINA realiza-se também no dia de Pentecostes, quando, ao estarem todos reunidos no mesmo lugar, o Espírito Santo pousa sobre cada um deles como línguas de fogo (At 2,1-4), conforme Jesus lhes tinha prometido. O Espírito Santo concede à IGREJA DE JESUS CRISTO seus dons e carismas.

Com a Ação do Espírito Santo, os Apóstolos e seus sucessores, o Papa, os bispos, os presbíteros, os diáconos e os leigos, dão continuidade à missão que Jesus realizou aqui na terra: revelar o AMOR DE DEUS PAI, sua PROVIDÊNCIA e sua PRESENÇA contínua na vida de seus filhos. É a presença da SANTÍSSIMA TRINDADE: de Deus Pai, do Filho e do Espírito Santo, que caminha com o povo de Deus, a Igreja de Jesus Cristo.

Concluindo, como já foi expresso anteriormente, a PROVIDÊNCIA DIVINA é o PRÓPRIO DEUS.

DEUS-AMOR se revela, primeiramente, por meio da CRIAÇÃO e de todas suas obras: as águas, as plantas, os animais, o sol, a lua, as estrelas, o ar, as chuvas, a neve, o frio e o calor. Tudo é o AMOR DE DEUS por todos os seres vivos e toda pessoa humana.

DEUS-AMOR se revela também em Seu FILHO, JESUS CRISTO, que assume nossa natureza humana e dá sua vida para nossa salvação. DEUS nos cria por Amor; quer partilhar seu AMOR conosco, dando-nos a graça de participarmos um dia de sua GLÓRIA - A FELICIDADE ETERNA NA CASA DE DEUS PAI. Podemos, portanto, afirmar conforme esta pequena reflexão: "NADA É COINCIDÊNCIA, TUDO É PROVIDÊNCIA". "*Bendize, ó minha alma, o Senhor! Vós sois imensamente grande! De majestade e esplendor vos revestis. Ó Senhor, quão variadas são as vossas obras! Feitas, todas, com sabedoria, a terra está cheia das coisas que criastes*" (Sl 103,1.24). "*Ele faz coisas grandes e insondáveis, maravilhas incalculáveis*" (Jó 5,9).

REFERÊNCIA

[1] FERREIRA, Aurélio Buarque de Holanda, NOVO DICIONÁRIO DA LÍNGUA PORTUGUESA. 1ª Edição, Editora Nova Fronteira S.A, Lagoa - RJ.

[2] BÍBLIA SAGRADA – AVE MARIA – Editora Ave Maria, São Paulo, Brasil.

Dados pessoais:

Maria José de Souza Almeida

- Bacharel em Teologia pela Faculdade de Teologia de São José dos Campos (SP), em 2017.

- Bacharel em Direito pela Universidade do Vale do Paraíba – Instituto de Ciências Sociais Aplicadas, de São José dos Campos (SP), em 1995.

- Licenciada em Letras pela Faculdade de Filosofia, Ciências e Letras "Eugênio Pacelli", de Pouso Alegre (MG), em 1978.

- Seminário Internacional com Israel Finkeistein, promovido pela ABIB – Associação Brasileira de Pesquisa Bíblica – Regional, em São Paulo, 2015.

- *IV Encuentro Latinoamericano y Del Caribe*, sobre "*Los desafios de La Pastoral de La Salud para los tiempos actuales*", em São Paulo, Brasil, 2003.

Maria José de Souza Almeida
São José dos Campos - SP

“NADA É COINCIDÊNCIA, TUDO É PROVIDÊNCIA”

Prezado irmão Padre Giovanni Murazzo,
Paz e Bem!

Com essa linda e atualíssima frase, início este pequeno e singelo relato.

Em julho de 2018, estava confirmada minha aprovação para o Mestrado em Agroecologia e Desenvolvimento Rural Sustentável – PPGADR, da Universidade Federal da Fronteira Sul/UFFS, Campus Laranjeiras do Sul, Paraná.

Eis que surgiu uma grande dúvida: como estudar em um lugar tão longe, deixando esposa e duas filhas em minha cidade natal, Santarém-Pará? Como chegar a uma cidade onde não conheço ninguém?

Conversei com o bispo da Diocese de Santarém-PA, dom Flávio Giovenale/sdb (hoje, bispo da Diocese de Cruzeiro do Sul-Acre). Ele entrou em contato com a Paróquia de Nossa Senhora Sant’Ana, por e-mail, solicitando apoio inicial para minha estada em Laranjeiras do Sul-PR, sendo eu um Padre casado ordenado na Diocese de Santarém e que, ainda hoje, continua a colaborar nos serviços de evangelização naquela diocese. Nenhuma resposta satisfatória veio em tempo hábil.

Chegou o dia de viajar para o sul do Brasil em busca de conhecimento e realização de um sonho, que é o de estudar um mestrado em Agroecologia, para colocar esses conhecimentos a serviço dos demais irmãos e das irmãs. E a angústia permanecia: onde ficar? Para onde se dirigir em um lugar totalmente desconhecido?

Qual minha surpresa? Um colega em Laranjeiras do Sul-PR, que me ajudou em minha matrícula, sem mesmo me conhecer pessoalmente, viabilizou meu acolhimento no apartamento da família do Diogo, Yasmim e o pequeno Arthur. Diogo, um jovem servidor público, técnico da Universidade Federal da Fronteira Sul-PR, líder coordenador do Centro Espírita de Laranjeiras do Sul, acolheu-me, pois "Nada é coincidência, tudo é Providência". Agradeço a Deus e rezo sempre por essa família que me acolheu em Laranjeiras do Sul-PR, sem mesmo me conhecer, e fez o melhor por mim.

Passado o ano de 2018, já em março de 2019, começaria a segunda etapa dos estudos em Laranjeiras do Sul-PR. Participando da liturgia do domingo, na Capela de São Frei Galvão, conheci o Padre Xaveriano, Giovanni Murazzo, um senhor de 83 anos, que muito tem me ensinado. Está sendo um grande aprendizado para mim, além de ele me ajudar a participar mais da vida em Cristo em Laranjeiras do Sul-PR. Padre Giovanni é aquele que está mais preocupado com os outros do que consigo mesmo. Ele repete: "A vida é um dom, e nós a merecemos doando-a!"

Segundo a Irmã Ivone Gebara, da Congregação das Irmãs de Nossa Senhora Cônegas de Santo Agostinho, "... o desconhecido é Divino em seu mistério, no tremor que provoca, nas dimensões insondáveis que o constituem e que nos ultrapassam. É divino porque, em certo sentido, é 'divindade' acima de nós, porque nos provoca a retomarmos em nós as dimensões do humano, a lembrarmos de que, apesar de todas as previsões da ciência e da técnica, há o MISTÉRIO MAIOR, a força que irrompe sem que saibamos de onde veio nem para onde vai" (Teologia Urbana - 2014, p. 77).

Papa Francisco nos diz, em sua Encíclica *Laudato Si* (2015, no número 77), que o amor de Deus, que se manifesta na Criação, é a ternura de Deus, com um lugar no coração e declara: "... portanto, toda criatura é objeto da ternura do Pai, que lhe determina um lugar no mundo".

Padre Giovanni merece minha estima e gratidão por ser acolhedor, colocando-se sempre a serviço do outro, com esse seu espírito missionário, que não se preocupa muito com a certeza do retorno, mas sim que sempre caminha, acreditando e persistindo.

Tarcísio Maia
Laranjeiras do Sul - PR.

TESTEMUNHO: NADA É COINCIDÊNCIA, TUDO É PROVIDÊNCIA

No final de 2014, vivíamos um momento muito difícil em casa: só meu marido trabalhava. Seu pagamento chegava sempre atrasado.

Então comecei uma novena a São Guido Maria Conforti, pedindo que surgisse um novo emprego para ele. Fomos à casa de um amigo de meu marido que lhe prometeu um serviço. Foi acertado que meu marido, na semana seguinte, iria pedir demissão do serviço anterior.

No primeiro dia, no novo trabalho, o dono pediu que esperasse mais um pouco para ser registrado. O tempo foi passando, e nada de novo aconteceu.

Um dia, rezando, questionei São Guido: "Como pode o Senhor nos dar a graça de uma esperança e essa oportunidade não se concretizar?" Vivíamos um momento importante em nossa comunidade: a fundação da Nova Paróquia dedicada a São Guido Maria Conforti. A fundação aconteceu no dia 17 de janeiro de 2015. Depois de alguns dias, o pároco veio conversar comigo. Fez-me a proposta de assumir o serviço de secretária. Eu fiquei muito feliz.

Manifestei o medo de assumir essa grande responsabilidade, porque não tinha experiência nesse serviço. Ele me animou, dizendo-me que podia aprender com a secretária de uma paróquia próxima a nossa. Quando recebi esse convite, repeti a mim mesma: *nada é coincidência, tudo é providência*. Deus Pai estava me dando, por intermédio de São Guido, uma graça muito maior do que aquela que eu havia pedido: trabalhar como secretária paroquial na paróquia a ele dedicada.

Pedi perdão por ter perdido a graça por falta de confiança. Até hoje estou trabalhando atendendo os paroquianos, e posso dizer que sou uma secretária feliz: amo o que faço! Aprendi que "Quem gosta de fazer o que faz faz melhor!" Aprendi que Deus nos dá a graça, mas não do jeito que nós queremos. Ele nos dá o que precisamos "na hora certa e do jeito certo!" Dá-nos muito mais daquilo que nós esperamos.

Lucilena
Hortolândia - SP

PELA INTERCESSÃO DE SANTA TERESINHA DO MENINO JESUS, MINHA ESPOSA ESTÁ VIVA

Minha esposa estava grávida, e, aos 8 meses de gestação, algumas complicações aconteceram. Em um fim de tarde, ela sentiu fortes dores de cabeça. Então, fomos à farmácia Santa Teresinha medir sua pressão, a qual estava muito alta; por isso a atendente nos orientou a procurar um hospital. Ao chegar, ela foi internada imediatamente e medicada, mas a pressão não diminuía; ela ainda sentia forte dor na cabeça.

Passou toda a noite com esses sintomas, até que a doutora Tânia (in memoriam), ao fazer uma avaliação, notou que a respiração do bebê estava fora do normal. Ela pediu para fazer o parto urgentemente, pois ambos corriam perigo.

As plaquetas estavam muito abaixo do normal para fazer os exames de procedimento cirúrgico. Por isso pediram para encaminhá-la com urgência a um hospital que tivesse uma UTI, pois ela estava com eclampsia: sua placenta necrosada e o bebê não estava mais se alimentando. Nesse momento se iniciou um grande martírio: conseguir uma UTI... Era domingo e estava muito difícil encontrar uma vaga. Fui até minha casa para pegar roupas para a minha esposa, abri sua gaveta e encontrei uma oração de Santa Teresinha.

Levei a oração até o hospital, entreguei para minha esposa e pedi que fosse rezando até conseguir a vaga. Quando ela encerrou a oração, o médico disse: encontramos a UTI, no Hospital Santa Tereza de Guarapuava. Já era noite, fui de carro atrás da ambulância. Não sabia como chegar até o hospital; acabei parando no pedágio. Uma funcionária me pediu carona e disse que morava quase em frente ao hospital Santa Tereza: para mim não foi uma coincidência, mas uma verdadeira Providência.

Chegando ao hospital, minha esposa aguardava no corredor. A médica me informou que o caso dela era muito grave devido às plaquetas. Disse: Se você acredita, reze. Enquanto minha esposa foi para sala de cirurgia, eu e minha sogra fomos até a capela rezar.

Quando saí da capela, fui até o andar da operação e encontrei a enfermeira com meu filho no colo. Na sequência, minha esposa na maca com a médica, que disse: "O milagre aconteceu, vamos aguardar até amanhã para ver quais serão as sequelas, pois sua esposa poderá tê-las devido às complicações". Ela foi para UTI, meu filho para o neonatal. No outro dia, pela manhã, a doutora me disse: "O milagre foi completo: não tiveram nenhuma sequela. Para encerrar, ela recebeu algumas flores de sua prima e no cartão estava escrito: Floricultura Santa Teresinha do Menino Jesus.

Minha esposa sempre fez novenas a Santa Teresinha do Menino Jesus para engravidar. Na hora do parto, ela lembrava as palavras do Pe. Reginaldo Manzotti: Deus não faz a obra pela metade, se Deus me deu a graça de engravidar, com certeza não ia acontecer nada para mim e para meu filho.

Louvamos e agradecemos a Deus o milagre acontecido e a poderosa intercessão de Santa Teresinha do Menino Jesus. Temos a certeza de que não foi coincidência, mas sim Providência...

Ivan The
Laranjeiras do Sul – PR
20/5/2019

“NADA É COINCIDÊNCIA, TUDO É PROVIDÊNCIA”

1º TESTEMUNHO:

Em 23/12/2013, sofri um grave acidente de automóvel. Participaram de meu resgate três socorristas da Rodovia, cinco bombeiros de Piracicaba, três bombeiros de Capivari, além de um bombeiro que não estava a serviço, mas que estava de passagem e foi primeira pessoa a me prestar socorro.

Meu resgate foi realizado por doze pessoas (mesmo número dos apóstolos de Jesus): dez homens e duas mulheres, além de outros voluntários que passavam pelo local. A retirada das ferragens demorou aproximadamente uma hora e trinta minutos. Em seguida, fui levada para a Santa Casa de Misericórdia de Piracicaba, e minha família foi avisada.

Acredito que Deus envia anjos o tempo todo para cuidar de nós. Além dos anjos celestes, tive muitos “anjos humanos”, que fizeram o melhor por mim, desde meu resgate, até minha trajetória de recuperação.

Meus pais foram levados por meu primo Francisco até a Santa Casa de Misericórdia e chegaram com o resgate do Corpo de Bombeiros, aproximadamente às 18h (hora do Ângelus, também conhecida como a hora das Ave-Marias, rezadas às 6h, 12h e 18h).

O fato de o bombeiro que não estava a serviço passar pelo local do acidente, o envolvimento de doze pessoas em meu resgate e minha chegada ao Hospital às 18h (hora da Ave-Maria) fizeram-me crer que "nada é coincidência, tudo é providência".

Deus, Nossa Senhora e os Anjos cuidam com muito carinho de cada um de nós.

2º TESTEMUNHO:

Na época em que sofri o acidente de automóvel, havia concluído o 8º semestre da Faculdade de Psicologia. Fiquei com a matrícula trancada por dois anos para cuidar da saúde. Se eu não retornasse à Faculdade em 2016, precisaria prestar processo seletivo posteriormente para retornar e também passar por uma análise curricular para saber em que semestre eu deveria retomar meus estudos. Em oração entreguei para Jesus meu retorno à faculdade e pedi: "Jesus, se é da Tua vontade, que eu retome a faculdade no próximo ano; capacita-me fisicamente".

Eu pensava que minha recuperação estava estabilizada e que não iria melhorar mais. Porém me surpreendi ao perceber a ação de Deus em minha recuperação. Passei a sentir maior segurança em caminhar sozinha, pois estava derrapando menos o pé e ganhando mais resistência. Isso me deu a plena certeza de que era o momento de retomar minha graduação.

Em 2016 retomei a faculdade no 9º semestre do curso de psicologia. No início do semestre, fui até a Capela da faculdade, agradeci meu retorno e coloquei para Jesus minhas limitações: eu tinha conhecimento de que iria precisar digitar muito, por isso pedi que os movimentos finos perdidos da mão esquerda voltassem. Depois de um tempo, em oração, veio-me a frase: "um por todos, todos por um". Agradeci a Jesus meu dedo indicador da mão direita que digita e pedi que me ajudasse a vencer o semestre digitando com esse único dedo, que um dedo valesse por dez.

Eu tinha também conhecimento de que as salas de aula do 9º e 10º semestres localizavam-se no primeiro andar, próximo à entrada da faculdade. Por minha limitação, esse fato preocupava-me, mas, quanto a isso, não cheguei a pedir nada a Jesus.

Estava pensando o que eu iria fazer, tinha três opções: subir os dois lances de escada, que ficam na entrada da faculdade; ir até o meio da faculdade pela rampa; ou ir até o final da faculdade pelo elevador. Provavelmente, escolheria a terceira opção, mas teria de andar muito: caminharia até o final da faculdade para pegar o elevador e depois teria de voltar até a entrada, onde se localizava a sala de aula.

Sem que eu pedisse nada a Jesus, fui surpreendida e presenteada: as salas de aula do 9º e 10º semestres, no ano de 2016, localizavam-se no andar térreo, ao lado da Capela.

Fiquei bem pertinho de Jesus: uma grande honra para mim e uma nova Providência. Dessa vez Deus se antecipou! Ele me surpreende no dia a dia! Nada é coincidência, tudo é Providência! Tudo o que me é necessário Ele provê com carinho e ternura.

Isso me fez recordar uma passagem bíblica, que há pouco tempo li na entrada de uma Igreja Evangélica, próximo de minha casa:

"Jesus é poderoso e pode fazer tudo, muito mais abundantemente além daquilo que pedimos ou pensamos" (Ef 3,20).

Em 2016 tive uma única disciplina em cada semestre, três supervisões de estágios e dois atendimentos na clínica-escola. Portanto fiquei três dias na clínica-escola, um dia na sala de aula da faculdade e tive um dia de folga.

Tudo contribuiu para o meu bem. A clínica-escola era distante da faculdade. O motorista da van, Sr. Paulino, deixava o pessoal na faculdade e me deixava próximo da clínica-escola nesses três dias em que ficava lá. No retorno, ele entrava com a van no estacionamento para me pegar. No começo do 9º semestre, ele saía do volante e vinha me ajudar a subir e descer da van. Depois ele parou, pois percebeu que eu estava conseguindo subir e descer bem sozinha.

Glória a Deus por tudo isso! Por todas as pessoas e situações que o Senhor movimentou para facilitar minha vida.

Para receber nota, na faculdade, escrevi três relatórios: um para cada área de estágio que realizei: saúde, escolar e social. Digitando apenas com um dedo, ganhei agilidade e fiz a primeira entrega dos relatórios do 9º semestre que, em média, tinham de 30 a 35 páginas cada. Essas primeiras entregas ocorreram dentro da mesma semana. Entreguei um relatório na segunda-feira e outro na quarta-feira. Estava exausta, digitando o relatório que deveria entregar na quinta-feira. Passou pela minha cabeça a possibilidade de desistir desse prazo e entregá-lo na próxima semana, mesmo valendo um ponto a menos. Tinha essa opção.

Nesse momento meu celular deu sinal de que havia chegado uma mensagem de “WhatsApp”. Bem cansada, parei com tudo o que estava fazendo. Fui ver o que era. Minha amiga Neusa havia me enviado o áudio de uma música, que passei a ouvir. Eis a letra:

Alma Missionária
Senhor, toma minha vida nova
Antes que a espera desgaste anos em mim
Estou disposto ao que queiras
Não importa o que seja, tu chamas-me a servir
Leva-me aonde os homens necessitem tua palavra
Necessitem de força de viver
Onde falte a esperança
Onde tudo seja triste simplesmente por não saber de ti
Te dou meu coração sincero
Para gritar sem medo, formoso é teu amor
Senhor, tenho alma missionária
Conduza-me à terra que tenha sede de ti
E, assim, eu partirei cantando
Por terras anunciando tua beleza

Senhor, terei meus braços sem cansaço
Tua história em meus lábios e a força na oração

Nesse momento desabei a chorar e passei a louvar e agradecer a Deus o dom de minha vida. Acrescentei que era preciso ter coragem para enfrentar essa situação e me formar para poder servi-lo do jeito que Ele desejava. Preciso, Senhor, levar Tua palavra! E, com a ciência, confortar o coração de quem precisa.

Animei-me! Olhei as exigências de meu relatório. Eram menores do que os outros que eu já havia entregado. Agradeci a Deus e continuei fazendo o relatório com maior disposição. Concluí-o e o entreguei no prazo também. Vale ressaltar que esse era o relatório do estágio social. Tenho algumas limitações, mas continuo sendo capaz, com a graça de Deus.

A segunda entrega do relatório, no final do 9º semestre, quanto ao prazo foi um pouco melhor. Não coincidiu na mesma semana, mas as correções a fazer e as exigências eram grandes. Consegui entregar cada um deles, que tinha, em média, de 65 a 70 páginas, no prazo. Concluí o semestre com boas notas, graças a Deus.

No 10º semestre as exigências foram maiores, pois defendi meu trabalho em banca de professores. Confiei que Deus estava à frente me conduzindo, mas minha consciência, meu humano não me permitiam ficar completamente sossegada. Na área de estágio, em que eu dei continuidade no mesmo lugar, foi necessário acrescentar somente o desenvolvimento teórico e as descrições de atuações do semestre, o que facilitou muito minha vida, por causa da limitação que possuo na mão esquerda, com a qual não consigo digitar.

Como precisei mudar o local do estágio escolar, perdi praticamente tudo o que já havia digitado. Precisei recomeçar a construir esse relatório desde o início, aproveitando somente parte do desenvolvimento teórico, pois continuei em escola infantil. Por outro lado, a atuação foi muito mais interessante para mim, pois trabalhei com as crianças. Essa era minha intenção, mas a escola anterior não deu abertura.

O resultado do estágio realizado foi encantador! Isso me trouxe muita satisfação, pois pude perceber que aquilo que era trabalhado estava surtindo efeitos. Além disso, reafirmou meu desejo de trabalhar com crianças, pois me senti muito realizada atuando com esse público.

Com relação ao relatório de saúde, que foi mais complexo e teve mais correções a se fazer entre a primeira e a segunda entrega, tive também a preocupação de perdê-lo, pois meu cliente do estágio era uma criança, que, se tivesse mais uma falta, perderia a vaga para atendimento e eu, consequentemente, perderia o relatório. Nas duas últimas sessões de meu 9º semestre, ela não compareceu, por isso pensei que poderia ter de fazer um novo relatório e iniciar com outro cliente.

Concluí o semestre. Meu cliente não faltou e demonstrou muito progresso, atingindo todas as metas estabelecidas para o atendimento clínico até o fim de meu estágio, graças a Deus.

Concluí o semestre com boas notas. Escolhi apresentar a mostra de estágios social, que ocorreu em 22/11/2016, conforme havia programado com o coordenador do curso de psicologia e com o coordenador de estágios. Foi um sucesso e recebi muitos elogios.

Essa programação foi necessária para agilizar o agendamento de minhas cirurgias corretivas, que ocorreram em três quartas-feiras seguidas, sendo a primeira em 23/11/2016, um dia após minha apresentação. Fiz isso com a intenção de estar bem no dia de minha colação de grau, que ocorreu em 27/1/2017.

Colei grau usando uma bota de imobilização, um par de muletas, o mesmo vestido que usei na colação de grau de minha graduação anterior em Recursos Humanos, sandália sem salto; aparentemente estava inadequado, mas foi um momento inesquecível.

Para minha surpresa, por causa de minha dificuldade na mobilidade, ao terminar a entrega dos documentos aos demais formandos, fui chamada. Levantei-me, e, nesse momento, o coordenador e todos os professores do curso de psicologia saíram do palco e vieram a meu encontro. Foi um momento de muita emoção e realização pessoal; penso que não poderia ter faltado, pois jamais teria experimentado aquela emoção.

Um ano depois de minha colação de grau, no dia 8/1/2018, solicitei minha inscrição no CRP – Conselho

Regional de Psicologia. Já recebi minha inscrição e estou no aguardo de liberação do INSS, pois continuo afastada do trabalho e inserida no programa de reabilitação profissional. Enquanto estiver recebendo auxílio doença, estarei impedida de atuar.

Minha vontade era de iniciar a atuação como psicóloga logo, mas acredito que tudo acontece no tempo de Deus. Enquanto isso não acontece, estou exercitando a paciência e fazendo cursos de atualização. Nada é coincidência, tudo é Providência!

3º TESTEMUNHO:

Senti que precisava contribuir com três testemunhos para este livro, pois esse número é recorrente em minha história.

Presto muita atenção nos sinais, pois entendo que aquilo que se repete quer me revelar algo. Inicialmente eu relacionava esse número somente à Santíssima Trindade.

Vou contar alguns fatos e penso que o que era mistério para mim foi completamente revelado:

Quando eu participava de retiros, que tinham adoração noturna, escolhia o horário das três horas da manhã para fazer adoração e estar em companhia de Jesus, porque é a hora da misericórdia. Depois de algum tempo, comecei a perceber que eu era despertada do sono próximo das três horas da manhã. Nessas vezes, começava a rezar o terço da misericórdia. Sei que, muitas vezes, não terminei, mas começava e rezava até adormecer novamente.

Comemorei no ano de 2018 cinquenta e um anos de idade. Entre as mensagens recebidas parabenizando-me, três foram enviadas por sacerdotes.

Nesse mesmo ano descobri que o dia 6 de setembro era especial para três pessoas e em três situações distintas: meu nascimento, a comemoração do aniversário de batismo de Frater Danilo, e a comemoração de quatro anos de vida matrimonial de Letícia, minha psicóloga.

Escrevi meu livro, que ainda não foi publicado, em três anos.

Enquanto meu livro não é publicado, estou tendo a graça de contribuir com testemunhos para os livros do querido Pe. Giovanni, em que conto fragmentos de minha história. E este é o terceiro livro dele em que tenho participação.

Uma grande honra para mim tê-lo como amigo, poder participar de seus livros, e o mais importante: tê-lo como escritor do prefácio de meu livro. Fui caminhando na fé e há muito tempo busco saber o que Deus quer de mim, para fazer sua vontade. Um dia, em um momento de oração, questionei Jesus: "o que o Senhor quer de mim?"

Tive uma visualização de "dois pezinhos", e, meses depois, a revelação aconteceu em um evento de que participei na cidade de Limeira - SP. Sentou-se a minha frente uma mulher vestida com uma camiseta com a estampa dos "dois pezinhos", que eu havia visualizado, e também com a palavra "catequese".

Nesse momento, entendi que o Senhor me chamava para ser catequista, mas resisti muito tempo para tomar posse do chamado. Não me recordo qual foi o motivo por que adiei, penso que provavelmente pode ter sido: medo de não conseguir catequizar; dúvida se realmente era uma revelação de Deus ou se era de minha cabeça; estar envolvida em outras atuações voluntárias; estar cursando faculdade etc. Finalmente, no ano de 2017, assumi o chamado e iniciei como catequista na Paróquia São Judas Tadeu.

No dia 26/8/2018, dia dedicado aos catequistas, tive a oportunidade de participar de três missas.

Participei pela primeira vez no período da manhã, na Paróquia São Judas Tadeu, onde houve homenagem aos catequistas e apresentação do teatro da catequese familiar. Atualmente, além de ser catequista na Paróquia, faço parte da equipe do teatro. Também estava responsável por reservar os bancos para as crianças do teatro e tirar fotos da apresentação.

A segunda missa foi no Lar Escola, onde eu estava intercedendo pelo encontro de casais Caná, promovido pela "Comunidade Aliança de Misericórdia".

A terceira missa foi celebrada pelo Bispo Dom Fernando Mason na Paróquia Imaculado Conceição, onde houve a concentração diocesana dos catequistas.

Recordei-me de que Pedro negou Jesus três vezes, e eu também não atendi o chamado de imediato, demorei aproximadamente quinze anos para assumi-lo.

Sinto que, nesse dia, tive a oportunidade de dizer sim três vezes: sim ao Pai, sim ao Filho e sim ao Espírito Santo.

Sinto que com essa participação eu tive também a oportunidade de dizer três vezes: obrigada, Senhor, sou catequista, para honra e glória do Senhor.

Meses depois, participei de um encontro Mariano, e o pregador comentou que "não somos nós que escolhemos Nossa Senhora, é ela que nos escolhe".

O pároco da Paróquia, onde aconteceu o encontro, possui uma linda imagem de Nossa Senhora de Fátima, e foi montado um altar com a imagem, para o fim de semana do encontro.

Durante o encontro, a serva Lazara orou por mim e disse-me: "você é muito especial para Nossa Senhora".

Mais tarde, procurei-a e comentei que outro servo já havia me revelado que "era muito forte a presença de Nossa Senhora em minha vida", e que, na época, atribuí isso a minha mãe, que reza bastante e é devota de Nossa Senhora Aparecida.

Em seguida, perguntei: "Você sabe qual é a denominação que tem a Nossa Senhora que lhe revelou isso?" Ela respondeu-me: "É a mesma do encontro, Nossa Senhora de Fátima".

Depois desse fato, tudo começou a ligar-se.

Nossa Senhora de Fátima apareceu para três crianças, aparecia todo dia treze, e seu dia é comemorado no dia treze de maio.

Eu já gostava do número treze, sem saber o porquê; cheguei a adquirir uma casa na Rua Treze de Maio (que não possuo mais); sou catequista de criança; fiz faculdade de Psicologia e senti o chamado para atuar com o público infantil.

Já ganhei uma imagem e um chaveiro de Nossa Senhora de Fátima, adquiridos em Fátima. Penso que o terceiro objeto eu mesma comprarei em Fátima, pois desejo ter uma imagem do tamanho da exposta no encontro Mariano de que participei.

Nossa Senhora de Fátima estava revelando-se para mim o tempo todo, e eu não compreendi seus sinais. Atualmente, entendo que o número três representa a Santíssima Trindade e também Nossa Senhora de Fátima (que apareceu para três crianças); ela caminha comigo e me protege.

Nada é coincidência, tudo é providência!

Louvado seja Deus por direcionar a minha vida!

Rosemeire Schmidt
Piracicaba - SP

DESDE O VENTRE MATERNO, TUDO FOI PROVIDÊNCIA

Primeiramente gostaria de registrar minha surpresa pelo convite. Como nada é coincidência, tudo é providência, aceitei, sem ressalvas! Depois veio a dúvida: Meu Deus, o que escrever! A escrita é uma prática constante e habitual em minha vida, porém escrever um testemunho deixou-me um pouco apreensiva e preocupada com escolher a melhor graça!

Mas, se você está lendo este texto, mais uma vez, a Providência Divina falou mais alto e, depois de três meses, pensando e voltando a pensar, justamente no mês de maio, mês dedicado à Medianeira de todas as graças, eu consegui escrever!

Não tem como falar de providência sem falar daquela que providencia tudo! Não tem como falar de mim, sem falar de Maria, mais especificamente do título de Nossa Senhora Aparecida! Para que você possa me entender, preciso contar minha história.

Há pouco tempo fiquei sabendo que minha mãe me consagrou a Nossa Senhora Aparecida e minha irmã, a

Nossa Senhora de Fátima, ainda em seu ventre. Aos sete meses adoeci e fiquei hospitalizada por alguns dias. Meu pai prometeu a Nossa Senhora que, se eu melhorasse, rezaria o terço todos os dias! Irei completar 40 anos, e ele cumpre a promessa até hoje!

Nasci e me criei no interior de Nova Laranjeiras. Uma de minhas maiores lembranças e saudade é a procissão que se fazia até uma localidade chamada Fazenda Velha, na comunidade Nossa Senhora de Salete. Eu, ainda criança, fui algumas vezes, pela estrada de terra, cerca de 10 km, nessa belíssima manifestação de religiosidade popular.

Com o passar dos anos, tornei-me adolescente e continuei sempre religiosa. Participei de grupo de Jovens, ia longe aos domingos, na *toyota* do Pe. Mario Minutti (in memória), animar grupos de jovens nas comunidades do interior de Nova Laranjeiras. Mesmo tendo só 15 anos, trabalhava na formação e animação de jovens bem mais velhos que eu.

Quando estava no último ano do Ensino Médio, comecei a me preparar para ir à faculdade; naquela época, utopia para uma moça do interior e sem recursos financeiros. Mas a providência e os sonhos de Deus para mim eram maiores do que os meus. Fiz uma promessa a Nossa Senhora Aparecida. Talvez, a única que fiz na vida, porque depois aprendi que não preciso prometer nada. Ela sempre estará me socorrendo em todas as necessidades, porque é minha Mãe.

Fiz vestibular para Letras/Literatura, pois era uma devoradora de livros. Passei e mudei-me para Laranjeiras do

Sul, assim ficaria mais perto de Guarapuava, para onde me deslocava todos os dias para estudar.

Voltando à promessa: prometi que levaria uma foto da minha formatura até Aparecida do Norte em agradecimento. No ano de 1998 me casei e fui morar no Bairro Nossa Senhora Aparecida, que, naquela época, se chamava Santo Antônio. Logo busquei me inserir na Comunidade Nossa Senhora Aparecida; ia todos os domingos à missa, mas ninguém me convidava para nada. Em uma manhã, depois da missa, ofereci-me para dar catequese. Fui aceita, com um pouco de desconfiança!

Anos depois, a Olindina, nossa querida Dina, chamou-me e disse: "Fia, senta aqui em meu colo, quero lhe contar uma coisa. Lembra do dia que você se ofereceu para dar catequese? Nós pensamos que você não aguentaria nem um mês!" E me pediu perdão! Fui catequista por 18 anos na Comunidade.

No ano de 2001, quando estava no último ano da faculdade, engravidei! Então minha primeira filha nasceu. Com bebê pequeno adiei o "pagamento da promessa".

A Letícia, minha filha, nasceu com um dos pés tortos. Minha mãe disse-me: "O primeiro lugar que você a levará será aos pés de Nossa Senhora Aparecida e pedirá a ela a cura". Então fiz isso. Acompanhei o desenvolvimento dela com o pediatra e, quando ela completou 9 meses, levei-a ao ortopedista para um exame mais detalhado. O ortopedista me olhou e disse: "Mãe, onde que você está vendo problema? Ela não tem nada!" Louvei a Deus em silêncio e saí dali feliz e agradecida a Nossa Senhora pela intercessão de mais essa graça.

Quando a Letícia tinha 2 anos e 11 meses, nasceu a minha segunda filha, a Laís. Na gravidez dela eu tive um grande susto. Em um dos ultrassons, o médico suspeitou de atraso no desenvolvimento morfológico. Mais uma vez, pedi a intercessão de Nossa Senhora, e ela nos atendeu. O médico repetiu os exames, na semana seguinte, e diagnosticou que tudo estava normal. Quando a Laís nasceu, mais um susto: tinha sopro cardíaco. Hoje não tem mais!

Com duas crianças pequenas, era impossível fazer uma viagem longa para pagar a promessa; eu não esquecia e, como já eram tantas graças que havia recebido, tinha muito mais a agradecer.

Passaram-se quatro anos do nascimento da Laís, e eu engravidei novamente. Nesse momento, coordenava o Grupo de Oração da Comunidade, dava catequese, participava da liturgia e ajudava na Caritas. Humanamente, não sei como conseguia! Todos apreensivos pelo menino, mas eu sabia que seria mais uma menina. E falei a Nossa Senhora: "Ela terá o seu nome".

No dia 2 de setembro de 2008 nasceu a Maria Clara (como ela mesma diz: cheia de graça e luz). E, mais uma vez, eu adiei a visita ao Santuário de Aparecida.

Alguns anos depois, surgiu a oportunidade de pagar a promessa. Eu e meu esposo fomos em uma excursão a Aparecida. Enfim pagaria minha promessa! Pagaria se eu não tivesse esquecido a foto! Não a coloquei na mala!

Cheguei ao Santuário, triste, decepcionada comigo mesma! Mas entrei na fila para fazer a oração de desculpas diante da imagem de Nossa Senhora Aparecida. No momento em que estava fazendo a oração, senti um amor tão grande e uma voz que dizia a meu coração: "Você ainda não entendeu, Valéria? Eu não preciso de sua foto aqui na sala dos milagres! Eu preciso de você lá em sua Comunidade! A melhor forma de agradecimento é seu SIM, que você já deu há muito tempo!" Saí com o coração agradecido e amando mais ainda minha comunidade!

Não fui registrada como Valéria Aparecida, mas hoje, quando as pessoas de outras comunidades adicionam meu número no contato do celular, dizem-me: "vou colocar Valéria da Aparecida, fica mais fácil de saber que é você!" Essas pessoas não sabem que sou da Aparecida desde o ventre materno! Na verdade, Deus cuida de cada coincidência, mas precisamos estar com o coração sintonizado com Ele para reconhecermos que tudo é providência! Mãe da Divina Providência, rogai por nós!

Valéria

Laranjeiras do Sul - PR

PRIMEIRO ANIVERSÁRIO DA "PÁSCOA ETERNA DA SENHORA FLAVIANA"

Na tarde do dia 28 de março, o casal Lorival e Xaveria veio, pela primeira vez, ao Centro Vocacional. Com muita humildade e verdadeira simplicidade, eles se apresentaram como casal coordenador da capela "Santíssima Trindade Imaculada Conceição" de Porto Barreiro.

Vieram a fim de fazer um pedido importante em favor da comunidade da qual fazem parte. Desejavam que, no dia seguinte, o padre fosse celebrar uma Santa Missa em ação de graças pelo primeiro aniversário da morte de uma jovem ministra da Eucaristia, chamada Flaviana. Ao despedirem--se, salientaram que, no dia seguinte, Alessandro, o marido da Flaviana, iria buscar o padre para a celebração. Pontualmente, às 8h30, o Sr. Alessandro esteve no Centro Vocacional para levar o padre Giovanni até o local da Santa Missa.

Chegando perto do carro, cumprimentei o Sr. Alessandro. Ele é um senhor alto, magro, estava com semblante triste, mas muito sereno. Ao longo da viagem, contou-me a via-sacra de sua esposa Flaviana. Quando ficou doente, foi levada a vários hospitais: Laranjeiras, Guarapuava, Cascavel e Curitiba. Em cada hospital fizeram várias tentativas para tratar de sua doença: um tumor na cabeça. Apesar de nutrirem muitas esperanças, Flaviana veio a falecer na Quinta-feira Santa. Deixou o filho Jonas Felipe, com 13 anos.

CAPELA SANTÍSSIMA TRINDADE

Quando entrei na Capela Santíssima Trindade, senti em meu coração uma grande alegria: alegria de sentir-me em casa! Veio-me, espontaneamente, ao pensamento a Divina Providência: Não foi o Pe. Crespin, mas eu a celebrar aquela Santa Missa do primeiro aniversário da páscoa eterna da Flaviana. A celebração iria acontecer na capela dedicada à Santíssima Trindade, minha especial devoção. Era a primeira e única vez que isso acontecia. Logo pensei que não poderia perder a oportunidade de oferecer ao povo de Deus daquela comunidade o presente do "Abraço Trinitário". A pequena capela estava lotada: adultos, jovens e crianças.

Chamou minha atenção a mesinha na frente do altar: sobre uma toalha colorida brilhava a foto da falecida, rodeada com vasos de flores e de símbolos relacionados a sua vida familiar e comunitária. No começo da celebração, uma líder da comunidade fez a seguinte homenagem: "no dia 14 de setembro de 1987, nasceu uma linda menina que se chamou Flaviana de Oliveira. Ficamos muito alegres por esse acontecimento. Foi crescendo e tornou-se uma pessoa muita prestativa. Era alegre, religiosa, honesta, responsável, participativa e generosa.

Foi esposa fiel e mãe carinhosa. Foi amiga sincera e comunicativa. Na comunidade foi cumpridora dos deveres religiosos como catequista e como ministra. Com muita fé, carinho e compreensão, plantou várias sementes de bondade na família e na comunidade. Tinha a capacidade de colocar em prática os dons que possuía. Nunca deixou de ajudar as pessoas que viviam a seu redor. Pela misteriosa vontade de Deus Pai, faleceu essa pessoa querida, deixando na família, na comunidade e nos amigos muitas saudades.

As várias recordações boas que ela nos deixou jamais ficarão esquecidas. Sentimo-nos conformados com sua partida, porque ela se preparou para passar desta vida para a outra. Deus Pai, antes de chamá-la, deu-lhe a oportunidade de fazer o bem e de viver as bem-aventuranças. Agora só nos resta pedir ao Pai Eterno que lhe conceda a salvação eterna e feliz.

Que Deus permita que ela rogue por nós e que nos ajude, conforte-nos e nos dê muita coragem para seguirmos os bons exemplos que nos deixou. Desejamos lembrar sempre suas atitudes cristãs. Que os anjos de Deus possam receber nossa querida Flaviana na glória do paraíso. Amém".

O ABRAÇO TRINITÁRIO

Depois da santa comunhão, apresentei a "Dinâmica do Abraço Trinitário". Mostrei para a assembleia a capa de meu livro: "Missionário Ternura da Família Trinitária". A capa representa o ícone trinitário do pintor russo André

Rublev. Segurando o livro com a mão esquerda e apontando com a direita cada imagem da Família Trinitária, convidei o povo a repetir:

"Eu sou amado por Deus Pai,
Eu sou amado por Deus Filho,
Eu sou amado por Deu Espírito Santo".

E depois convidei o povo a repetir: "Eu sou feliz, eu sou feliz, eu sou feliz". Levantando a capa do livro à altura de meu rosto, convidei o povo a repetir novamente:

"Eu sou superamado por Deus Pai,
Eu sou superamado por Deus Filho,
Eu sou superamado por Deus Espírito Santo".

Acrescentei:

"Eu sou superfeliz,
Eu sou superfeliz,
Eu sou superfeliz".

Continuando a segurar o livro com o ícone da Família Trinitária, acrescentei: Vale mais um gesto que mil palavras! Agora vamos transformar as palavras em gestos: Repitam depois de mim, acompanhando meus gestos. Abrindo os braços e abraçando a nós mesmos, por três vezes, vamos repetir estas palavras: Eu sou amado por Deus Pai, eu sou amado por Deus Filho, eu sou amado por Deus Espírito Santo.

Depois convidei o povo a levantar as mãos e a repetir: Eu sou feliz!!! Eu sou feliz!!! Eu sou feliz!!! A esse ponto fiz para o povo de Deus mais um convite: Agora, cada um, abraçando seu rosto, vai repetir por três vezes: Eu sou superamado por Deus Pai!!! Eu sou superamado por Deus Filho!!! E sou amado por

Deus Espírito Santo!!! Acrescentei mais um convite: Esticando ao máximo os braços para o alto, vamos repetir: Eu sou superfeliz!!! Eu sou superfeliz!!! Eu sou superfeliz!!! Antes do "terceiro superfeliz", convidei todo mundo a pular de alegria... Depois do pulo da alegria, seguiu uma explosão de salva de palmas.

Com o Sr. Alessandro e seu filho Jonas Felipe nos despedimos da comunidade, com um sorriso gerado pelos corações em festa. Antes de voltarmos, o Sr. Alessandro fez questão de me levar até sua chácara. Os pais de Alessandro nos acolheram com simplicidade e cordialidade.

A GRUTA MARIANA

A mãe de Alessandro levou-nos a uma gruta dedicada a Nossa Senhora Aparecida. Ela me contou que Flaviana construiu aquela pequena gruta mais ou menos um mês antes de encontrar Nossa Senhora no Paraíso. Na pequena gruta estava também a imagem do "Bom Jesus".

Para todos os familiares e, principalmente, para o adolescente Jonas Felipe aquela gruta tornou-se uma lembrança, mais ainda, um testamento. Lembrei-me da famosa e feliz expressão do Santo papa Paulo VI: "Nossa Senhora ocupa o lugar mais perto da Família Trinitária e, ao mesmo tempo, mais perto de cada batizado".

Pe. Giovanni

Laranjeiras do Sul - PR

DAS VICISSITUDES AO RAIO DE PROVIDENCIAL ESPERANÇA

Falar da Providência divina é falar de como vemos e experimentamos a "Mão Divina" nos momentos de vicissitudes e peripécias de nossa vida. A vida é um dom, uma graça, uma dádiva de Deus, que se fortalece passando por altos e baixos, oscilações e levantamentos. Contudo, cada momento de nossa vida é oportunidade para revitalizar nossa esperança e seguir adiante.

Meus pais me disseram que minha vida é um milagre. Por que milagre? Milagre porque eles fizeram experiências frustradas para minha mãe engravidar. Não tinham condições para recorrer à procriação "medicamente assistida" por falta de recursos adequados. A única e última saída era confiar na misericórdia e na Providência divina.

Quando minha mãe engravidou, acharam que foi um "milagre": um sonho realizado, uma felicidade incrível e transbordante... Assim me contaram. Pensando nisso, eu sempre me pergunto: será que eu nasci para alegrar a vida dos outros ou para aliviar suas dores? Talvez, seja uma responsabilidade à qual fui chamado desde o seio materno: bênção e desafio ao mesmo tempo...

Minha vida e minha trajetória espiritual foram se desenhando como sinal do amor, da graça e da misericórdia de Deus Pai.

Aos 12 anos, entrei no carro de meu tio, com algumas curiosidades, e acabei provocando estragos. De fato, meu tio tinha almejado por muito tempo comprar aquele carro: servia para poder trabalhar com facilidade no campo. Somente depois de muitos anos de poupanças e muitos sacrifícios, ele conseguiu comprar aquela camioneta.

No dia seguinte, em que o veículo chegou a casa, sem querer e sem saber, fiz umas brincadeiras, e ele foi se jogar dentro da casa: perda total da camioneta e a residência ficou destruída.

Fiquei três dias entre a vida e a morte. Quando me recuperei, percebi, de modo impressionante, que todos os meus familiares a meu redor não se preocupavam em me infligir um " merecido castigo", preocupavam-se em saber se não tinha lesão grave ou fratura em alguma parte do corpo.

A experiência foi tão marcante que me ajudou, claramente, a sentir na pele o quanto minha vida era mais importante do que a casa, do que o veículo ou qualquer outra coisa. Pude experimentar tanto a misericórdia dos homens quanto a misericórdia de Deus. Alguém chorou, eu chorei, muita gente chorou, não por causa do estrago que aconteceu, mas por causa de uma vida que renasceu. Qualquer pessoa pode falar de amor, perdão, compaixão, esperança, altruísmo, gratidão ou qualquer outra coisa de uma forma tocante se aquilo realmente transbordar no coração e tiver sido experimentado de uma forma marcante.

Todas essas experiências me levam a cantar com o salmista: *"Que poderei retribuir ao Senhor por tudo aquilo que Ele fez em meu favor? Elevo o cálice da salvação invocando o nome santo do Senhor"* (Sl 115,12-13).

Pe. Crispin
Laranjeiras do Sul - PR

TESTEMUNHO DE OIANDRE

No ano de 2004, fui me confessar com o padre Giovanni Mezzadri. Ao final da confissão, ele me entregou uma relíquia de um santo. Eu não sabia que era uma relíquia. Pensei que era um santinho mais sofisticado, pois estava plastificado. Chegando a minha casa, deixei a relíquia dentro de uma fruteira, que estava em cima da mesa. Cada vez que ia lavar a fruteira, pensava em jogar o santinho no lixo, mas, como era plastificado, não jogava. Assim aconteceu muitas vezes.

Até que um dia liguei para minha comadre. Ela falou-me de São Padre Pio. Fiquei curiosa e fui a uma livraria católica perguntar se tinha algum livro de São Padre Pio. Quando o comprei, vi a foto do Santo na capa. Ao chegar a minha casa, corri para começar a leitura e apaixonei-me pelo conteúdo. Tirei a relíquia da fruteira, pedi perdão, chorando, e comprei outros livros da biografia de São Padre Pio. A partir desse momento, comecei a pedir sua intercessão.

Passei a sentir a presença de São Padre Pio por meio do cheiro de flor de laranjeira. Muitas graças que pedi foram realizadas por sua intercessão. A primeira foi a seguinte: pedi sua intercessão por uma garota que estava começando um relacionamento que não era da vontade de Deus. Orei a São Padre Pio e logo ela terminou aquele namoro.

Algum tempo depois, falei para a mãe da garota que tinha pedido a intercessão de São Padre Pio por sua filha. Ela agradeceu e comentou com sua filha sobre minha oração. A garota ficou assustada e quis saber como era esse São Padre Pio. Perguntou: Ele era muito bravo? Sua mãe conversou com ela, pois já sabia muita coisa sobre o santo.

A garota disse o porquê do fim do namoro. Toda vez que ia falar com o namorado, escutava uma voz dentro dela, que dizia: "Larga deste rapaz!" Ela ficava assustada e, de repente, pensou: "É coisa de minha cabeça!" Quando foi novamente falar com ele, escutou a mesma voz dizendo: "Já falei para largar deste rapaz!" Correu para seu quarto e foi rezar. Pediu para Jesus, se era Padre Pio a falar com ela. Se fosse ele, que tirasse esse sentimento de seu coração. A partir desse momento ela não sentiu mais nada pelo rapaz. Ela leu um livro de São Padre Pio e assistiu a seu filme. Falou que era ele mesmo porque descobriu que era a mesma voz que tinha ouvido em seu coração.

A partir desse testemunho, eu fui pedindo graças com mais fé. Recebi outros testemunhos relacionados à intercessão desse grande santo.

Alguns anos depois, São Padre Pio falou comigo, em sonho. Deu-me um puxão de orelha. Na verdade, falou do quanto me amava, por isso suportou meu descuido de deixar sua imagem por muito tempo na fruteira, até com frutas estragadas. Acordei chorando e pedi desculpa novamente. Nesse meu relacionamento com São Padre Pio, como não descobrir a ação da Divina Providência? Minha ligação para minha comadre foi coincidência ou Providência? Meu pedido de intercessão a São Padre Pio pela garota que tinha um namoro perigoso não foi um sinal da Divina Providência? Como não agradecer a Nossa Senhora da Divina Providência seu carinho comigo? Viva a Divina e Santa Providência em minha vida do dia a dia.

Oiandre
Laranjeiras do Sul - PR

TUDO É PROVIDÊNCIA: AGORA SOU LIVRE E MUITO FELIZ

O livro de Jó, na passagem de capítulo 5 versículo 6, que muito me cativou: "O mal não sai do pó nem o sofrimento brota da terra". Eu medito esse versículo quando ouço alguém dizer: "por que minha vida não dá certo? Sou uma pessoa boa, não faço mal a ninguém". Hoje entendo por que passei por tantos sofrimentos, tantas decepções e tantos fracassos.

Jó 34,21 "Deus olha a conduta de cada um e observa todos os seus passos".

Meu nome é Sheila, tenho 43 anos, sou casada com o César, temos uma filha de 10 anos chamada Letícia. Sou de uma família católica apostólica romana, mas não vivia como uma cristã praticante. Fiquei distante da confissão por 23 anos, isso acarretou transtornos emocionais, físicos e espirituais.

Frequentava a missa quando era conveniente para mim. Estava distante de Deus, não tinha vida de oração. Estava totalmente surda, cega e paralítica espiritualmente. As orações de minha mãe e de meu pai me sustentavam. Minha atitude mais condenável era que, quando ia à missa, comungava em pecado, comungava minha própria condenação.

Em junho de 2013, com 38 anos de idade, meu mundo começou a desabar. Perdeu o colorido: uma tristeza profunda invadiu minha alma. Não sabia o que estava acontecendo. Sentia muita angústia, não tinha mais vontade de me arrumar: perdi a vaidade, só queria ficar longe das pessoas, tinha muita sonolência.

Mesmo assim, não deixei que ninguém percebesse. Comecei a sentir uma sensação horrível de manhã, quando acordava: meu corpo parecia que pegava fogo; e eu tinha de sair da cama. Era uma sensação de morte e pânico. Comecei a me preocupar: não sabia o que estava acontecendo. Nem passava por minha cabeça pedir ajuda.

Em uma sexta-feira, depois de três meses com esses sintomas, em setembro de 2013, resolvi contar a minha mãe o que estava sentindo. Ela me disse: "Você está com depressão"! Convidou-me para participar de um grupo de oração, que acontece todas as sextas-feiras, no bairro Ponte Nova, Itapira, SP. Disse que o senhor José rezaria para mim, para minha cura e libertação.

Aceitei e fomos. Não conhecia a renovação carismática católica nem imaginava como era um grupo de oração. Senti intensamente a oração quando seu José disse, segurando a cruz: "Vinde a mim todos vós que estais cansados e fatigados com o peso de seus fardos". Eu, prontamente, prostrei-me diante da cruz e, tocando as chagas de Jesus, repousei no Espírito Santo.

Pude sentir todo o amor de Deus por mim. Foi a melhor experiência de minha vida. Ali fui libertada e nunca mais senti a opressão que estava vivendo. Foi um milagre!

Não precisei de remédios, pois Jesus, "o médico dos médicos", curou-me. "Ainda que eu atravesse o vale escuro, nenhum mal temerei, pois estais comigo" (Salmo 22).

Eu nasci de novo pelo Espírito Santo. Comecei a participar dos grupos de oração, e a contrição começou a acontecer em meu coração. Chorei muito pelos pecados que cometi. Passei a viver os sacramentos: ir à missa aos domingos e dias de semana; rezar o terço e as ladainha de São Miguel Arcanjo.

Jesus queria mais de mim, e o chamado para ser intercessora era muito grande. Resolvi sair do banco da igreja e servir a Deus, que tudo fez por mim. Meu esposo começou a frequentar a Santa Missa todos os domingos, minha filha entrou no ministério de coroinhas. Hoje, eu e minha casa servimos ao Senhor. Não vou dizer que foi fácil, porque agora sei com quem lutamos todos os dias. Jesus queria mais de mim em meu ministério de intercessão.

Senti o chamado para ajudar "o projeto Pietá" de cura e libertação, que em outubro completa cinco anos de existência. Atendemos todos os sábados na igreja de Santa Clara de Assis e Cristo Rei, bairro Figueiredo, Itapira, SP. Sou consagrada à virgem Maria pelo "tratado da verdadeira devoção à santíssima virgem", de São Luiz Maria Grignion de Montfort. Recebo a santa eucaristia todos os dias. Tenho sede de Deus. Participo do grupo de oração São Gabriel, por minhas forças, por meus irmãos, pela graça de Deus.

Sabemos que todas as coisas concorrem para o bem daqueles que amam a Deus, daqueles que são os eleitos, segundo os seus desígnios (Romanos 8,28). Todos nós somos eleitos de Deus. Não sou melhor que ninguém, pelo contrário, sou pecadora. Mas, quando damos passos, deixamos de ser cegos, surdos e paralíticos espiritualmente: tudo muda em nossa vida. Agora eu sou livre e muito feliz.

Renunciei a muitas coisas do mundo e vivo para servir, amar e adorar a Deus. Nada é coincidência, tudo é Providência! Um dia, diante do Santíssimo, perguntei ao Senhor por que nunca tive sonhos e projetos. Não sabia qual o dom que Deus tinha me dado e ouvi, em meu coração: "Minha filha! Meus projetos são seus projetos". Lembra do senhor José? Pois é! Hoje sou uma intercessora que o ajuda no ministério de cura e libertação. Somos uma família: todos unidos pelo objetivo de salvar almas.

Agradeço a Deus, todos os dias, ter conhecido seu José e seu ministério. Cresce a cada dia em carismas e dons de cura e libertação; agradeço à virgem Maria, minha Princesa e Rainha, todos os anjos e arcanjos, principalmente a São Miguel. Agradeço perpetuamente a meus pais amados, aos padres abençoados que Deus coloca em minha vida. Um abraço a todos e a você, Pe. Giovanni Murazzo, que amo como um avô, um presente de Deus! Finalmente amo a Santíssima Trindade e minha Igreja católica apostólica romana: a Igreja de todos os santos.

Louvado seja nosso senhor Jesus Cristo.

Sheila

Itapira – SP

OS TOQUES DA DIVINA PROVIDÊNCIA RUMO AOS QUINZE SEGUNDOS COM O PAPA FRANCISCO

INTRODUÇÃO

Agradeço, de coração, ao meu amigo Pe. Giovanni ter feito seu pedido de partilhar minha inesquecível bênção: o encontro de quinze segundos com o papa Francisco.

Pe. Giovanni é meu amigo de infância. Nascemos na mesma cidadezinha, frequentamos a mesma escola, entramos no mesmo instituto dos Missionários Xaverianos de Ancona. Recebemos a mesma formação cultural e espiritual por cinco anos. Depois desse período, a Divina Providência nos chamou a seguir vocações diferentes: ele a vocação missionária, e eu a vocação laical.

A experiência do encontro com o papa Francisco foi emocionante e inesquecível: encontrei "O doce Cristo na Terra" (Santa Catarina de Siena) com a minha irmã Valéria. Um Belíssimo Presente!

Esse belíssimo presente foi nos oferecido por nosso caríssimo amigo Pe. Giandomenico Mucci. Ele é um Pe.

Jesuíta de muito destaque; professor de Eclesiologia e espiritualidade na Pontifícia Universidade Teológica da cidade de Napoli; autor de numerosos livros de moral; membro da equipe editorial da revista "Civiltà Cattolica" e esperto vaticanista. Pe. Mucci, na ocasião de minha aposentadoria e da de minha irmã Valéria (finalmente livres para poder viajar, depois de muitos anos dedicados, de alma e corpo, aos fregueses de nossa empresa familiar), tomou a iniciativa de marcar o encontro com o papa Francisco.

Esse deveria ser agendado para uma quarta-feira: dia em que o Papa realiza sua audiência com o povo de DEUS, na ampla e famosa sala construída pelo engenheiro Nervi. Pe. Mucci se preocupou em conseguir dois lugares bem perto do Papa. Para alcançar esse objetivo, recorreu ao arcebispo Gianpiero Gloder, seu ex-aluno da Universidade Pontifício. Dom Gianpiero, apesar de sua valiosa ajuda, conseguiu os lugares nº 843 e 844. Esses dois lugares não davam a possibilidade de falar diretamente com o Papa. Mesmo assim, fiquei satisfeito porque, por causa da enorme multidão de peregrinos, o encontro não ia acontecer na sala Nervi, mas na enorme praça de São Pedro. Era o dia 13 de abril de 2019. No dia 2, eu e Valéria chegamos a Roma.

Nossa primeira preocupação foi visitar Pe. Mucci, para retirar os bilhetes de nossos dois lugares. Nessa visita, aconteceu uma nova e belíssima surpresa, verdadeiro "Toque da Divina Providência": o amigo Jesuíta nos comunicou que o arcebispo Gloder se ofereceu para nos levar, no dia seguinte, com seu carro ao Vaticano. E ele nos alertou:

Temos de sair cedo porque, às vezes, ficam livres lugares já reservados e, neste caso, quem chega antes pode ocupá-los! Pe. Mucci se despediu com esse aviso: Estejam prontos às 7h, porque às 7h30 já devemos chegar ao Vaticano! Esse aviso foi mais uma belíssima surpresa, que nos fez sentir uma grande alegria e tranquilidade.

Na realidade, estávamos muito preocupados em chegar sozinhos ao Vaticano e procurar nossos acentos nas numerosas fileiras de cadeiras. Para nós, acostumados a levantar cedo, não era nenhum problema chegar à praça Minerva na frente do Palácio da P.A.E., esperando nosso novo Anjo da guarda complementar. Desde às 6h já estávamos no lugar marcado. Estando adiantados em uma hora, pensamos aproveitar o tempo visitando o monumento do (Panteon) ao menos na parte externa. Naquela hora, as portas ainda estavam fechadas. Porém conseguimos visitar "a igreja de Jesus", que, naquela manhã, foi aberta às 6h30 , portanto, antes do horário marcado. Mais um toque da Divina Providência? Felizes pela oportunidade, ficamos admirando as maravilhosas e grandes pinturas.

A igreja de Jesus foi sonhada por Santo Inácio de Loyola, mas construída depois de sua morte, logo depois do Concílio de Trento. Característica marcante é que foi construída com uma só navada. Por muito tempo, tornou-se "Igreja padrão" para os católicos, em contraste de edifícios de culto construídos pelos protestantes.

Tivemos tempo para parar e rezar na frente do maravilhoso crucifixo em destaque atrás do altar. Pedimos ajuda e proteção para aquele dia tão importante para nós.

OS DESAFIOS DO ARCEBISPO DOM GLODER

Às sete horas em ponto, já estávamos em frente ao palácio da P.A.E. A um jovem sacerdote, que estava de saída, informamos nosso encontro com Dom Gloder. Ele nos convidou a entrar e nos acomodar na sala de espera. Ligou para o arcebispo informando nossa chegada.

Logo ele chegou. Como esperto diplomático, acolheu-nos com muita cordialidade como se fôssemos seus amigos há muito tempo. Entramos em seu carro, e, com muita pressa (naquela hora o trânsito em Roma não estava congestionado), levou-nos até o interior do Vaticano. Em sua passagem, os guardas suíços o cumprimentavam com a típica saudação militar.

Estacionou o carro na vaga a ele reservada. Saindo do carro e olhando para o céu, deu-nos uma carinhosa sugestão: O tempo está com jeito de chuva, seria bom providenciar um guarda-chuva. Você tem guarda-chuva? Respondi, prontamente: Sim, temos, está guardado aqui na bolsa. Ele comentou: Vocês têm um, mas são duas pessoas. Sorrindo, lançou seu guarda-chuva em minhas mãos e acrescentou: Não se preocupem em me devolver; eu já tenho outro! Antes de nos deixar, presenteou-nos com dois terços, dizendo: Já foram abençoados pelo papa Francisco! A essa altura não sobrou nada a fazer se não agradecer seu grande cuidado e muito carinho. Começamos a caminhar para o interior do Vaticano.

Ele se fez de Cicerone (guia turístico), contou a história Pluricentenária das muralhas e dos principais eventos acontecidos nos históricos edifícios grudados um ao outro. Conforme passávamos, cada guarda suíço saudava-o do jeito militar. Nós dois, um a sua direita e outro a sua esquerda, sentíamo-nos honrados pela companhia de tão importante "Protetor". Passando por um atalho, chegamos, finalmente, à majestosa praça de São Pedro. Ficamos, verdadeiramente, admirados vendo, já naquele horário, aquela multidão de peregrinos para a audiência papal. Não tinha mais a guarda suíça, eram os acólitos uniformizados.

Eles também, quando passava o arcebispo, cumprimentavam-no com uma profunda inclinação acompanhada de uma cordial saudação: "Bom dia, excelência". Ele respondia a todos com um cativante sorriso e chamando cada um pelo nome. Era um prazer estar em sua companhia! De repente, veio a minha mente um pensamento, na realidade, era mais um desejo:

Quem sabe ele não fica também durante a audiência conosco. Certamente papa Francisco vai reconhecê-lo na multidão e poderá chamá-lo perto de si, e, assim, nós também teríamos a possibilidade de falar com o Papa. Foi um sonho-relâmpago, que logo sumiu! Dom Gloder, com muito jeito, avançava no meio das fileiras das cadeiras, buscando os números dos assentos a nós reservados. Estávamos muito contentes durante essa busca.

Chegando à décima fileira dos assentos, o arcebispo parou e, com o costumeiro sorriso, cheio de benevolência, quase a pedir desculpas por não conseguir progredir, disse-nos: Eis os assentos reservados para vocês. Agora eu devo voltar, mas antes vou verificar se ficaram lugares livres mais à frente.

Então, dirigindo-se a um acolito, um senhor muito distinto e alto, quase dois metros, perguntou-lhe: Paulo, por favor, quem é responsável pelas fileiras mais perto do Papa? Estou vendo que ainda há lugares vazios lá na frente. Paulo compreendeu perfeitamente suas intenções e respondeu: Excelência, não se preocupe, pode confiar a mim seus amigos; eu tomo conta deles. O senhor pode voltar tranquilo. Dom Gloder acrescentou: São pessoas amigas de Pe. Mucci, foi ele que os confiou para mim! Fique tranquilo!, respondeu Paulo. Dom Gloder despediu-se de nós com um cordial abraço, dizendo: Muito bem! Meus amigos! Tudo vai dar certo! Fiquem desfrutando deste belo encontro com papa Francisco, homem de Deus. Quando, um dia, for visitá-los em Vasto, preparem para mim um belo "brodeto" de peixe! É essa a especialidade da culinária vastese, não é? Respondemos juntos: Sim! Sim! Gostaríamos de verdade de recebê-lo em nossa casa, em Vasto! Muito obrigado por tudo, Excelência! O senhor foi de uma incrível cortesia!

A PRECIOSA COLABORAÇÃO DOS ACÓLITOS... PREMIADA PELOS POMBOS

O acólito Paulo esperou nossa despedida com o Arcebispo Gloder e logo nos convidou a segui-lo. Ele chamou um companheiro acólito e lhe perguntou se algum lugar havia ficado vazio mais para frente. O colega de Paulo, com muita agilidade, deu alguns passos à frente para controlar a situação e, voltando, bem feliz, disse-nos: Venham comigo; dois lugares ficaram livres na quinta fileira! Com pressa, saudamos o acólito Paulo por sua cordial cortesia e seguimos o novo acólito.

Ele nos deu os dois lugares na quinta fileira, bem no centro, na direção do altar. Não era o máximo que podíamos desejar, mas ficamos satisfeitos porque era possível ver à distância de 10 metros. Infelizmente, de um momento para outro, nossa satisfação se transformou em uma amarga decepção: as fileiras a nossa frente foram todas ocupadas. Principalmente as da quarta fileira, bem em nossa frente; chegaram cinco funcionários de uma embaixada estrangeira, todos muito altos, (o menor media mais ou menos 1.80) e não enxergávamos mais nada. Logo que o acólito que nos tinha dado aqueles lugares passou, Valéria relatou para ele a tristeza da nova situação e pediu que nos ajudasse.

Porém o acólito disse que não podia fazer absolutamente nada; os lugares reservados eram aqueles e não tinha outra possibilidade. Eu não me conformei com sua atitude.

Quando ele se afastou, corri rapidamente em direção a Paulo, o acólito que nos foi confiado pelo bispo Gloder. Falei a ele de nossa nova situação. Ele também levantou os ombros dizendo-me que não tinha mais nada a fazer; todos os assentos estavam ocupados. Voltei a meu lugar decepcionado, mas não completamente resignado. Enquanto isso, o tempo passou e se aproximou o início da liturgia. Porém às 9h40 notamos um barulho à frente: as pessoas se mexiam de um jeito estranho, e um pombo, dos muitos que povoam a praça São Pedro, vibrou sobre nossas cabeças: do movimento, das risadas e das vozes das pessoas entendemos que ele havia feito suas "necessidades" nas pessoas que estavam na primeira fila.

Um pouco depois, outro acólito veio apressadamente até nós e, batendo nos ombros, disse-nos: Vocês dois podem me seguir! Ficamos muito admirados e logo respondi: Desculpe, está falando para nós? Ele respondeu, decididamente: Sim, vocês dois, vinde, vinde logo. Não sabíamos o que pensar, fomos tomados por dúvidas boas e más.

Ele não nos deu possibilidade de fazer-lhe perguntas, porque com muita pressa se afastava, fazendo-nos sinais com a mão direita para segui-lo. Nós o seguimos ao longo de toda a quinta fileira, porque lá, outro acólito, indo encontrá-lo, parou-o silenciosamente sussurrando algo em seu ouvido. Eu mal podia ouvir estas palavras: Sim! Parece que ficaram livres definitivamente! Nesse ponto, o acólito, que nos convidou a segui-lo, disse com ênfase e muita cordialidade: Venham, venham, acompanhando-nos até a fileira da frente.

Ele apontou para dois lugares vazios. "Aqui! Sentem-se aqui, é uma boa audição!" Sem esperar por nossos agradecimentos, ele saiu apressadamente. Não é fácil descrever o quanto de alegria e emoção sentimos naquele momento. O que aconteceu? O pombo foi providencial para nós, pois duas senhoras da primeira fileira, "atingidas" pelos "drenos" do volátil, saíram, deixando os dois lugares livres, que foram imediatamente designados para nós. O que dizer? Às vezes, como aconteceu com Zaqueu, a baixa estatura também se torna providencial. Nós entendemos que o acólito Paulo, sem nos dizer, trabalhou silenciosamente para nós.

Papa Francisco chegou, o Evangelho foi lido em oito idiomas diferentes. A homilia do Papa foi um relato edificante de sua última viagem apostólica, 30 e 31 de março, em Marrocos. Naquela terra da África, 800 anos antes, aconteceu o encontro histórico entre São Francisco de Assis e o sultão al-Malik al Kamil. "Esse evento profético, disse Francisco, mostra que a coragem do encontro e da mão estendida é um caminho de paz e harmonia para a humanidade, em que o extremismo e o ódio são fatores de divisão e destruição".

O sumo pontífice salientou que é preciso promover o conhecimento mútuo entre os fiéis das duas religiões monoteístas: o cristianismo e Islã. Ele falou do Marrocos como uma terra com conotações específicas de uma ponte natural entre África e Europa, reafirmando a necessidade de dar mais apoio às pessoas.

"Este é um desafio, disse o Papa, que todos nós somos chamados a assumir, especialmente nesta hora em que há o risco de fazer das diferenças e da falta de conhecimento recíproco, motivos de concorrência e de desagregação." O discurso do Papa foi concluído com uma bênção solene.

A HISTÓRICA AUDIÊNCIA DO PAPA, "O DOCE CRISTO NA TERRA"

O Sumo Pontífice iniciou a audiência subindo no "papamóvel". Fez um longo percurso dentro da praça de São Pedro. Passou entre os espaços que delimitam os assentos da multidão de peregrinos. A multidão o aclamava com grande alegria, com repetidas salva de palmas, com braços estendidos e coros hosanantes.

Afinal, foi uma acolhida de verdade, alegre e emocionante ao mesmo tempo. O Papa, com cativante sorriso e braços levantados, agradecia a todos. De vez em quando, parava para acolher no colo criancinhas, cujas mães, com muito carinho, pediam-lhe que as abençoasse. Depois de marcá-las com o sinal da cruz e de beijá-las na testa, devolvia amorosamente ao colo das mães. Esse triunfo na praça durou mais de uma hora. Depois ele desceu do papamóvel e dirigiu-se para a fila dos doentes.

Era um grande número, e todos pertenciam à associação UNITALSI. O Papa parava na frente de cada um, escutando com carinho, dirigia-lhe palavras de conforto e fazia o sinal da cruz em sua testa. Animava-o partilhando sua dor e prometendo oração, desejando-lhe a graça da cura. O encontro com os doentes demorou até uma hora. Eu pensei que depois o Papa, visivelmente cansado, subiria de novo no papamóvel para voltar a sua residência de Santa Marta. Mas não foi assim! Francisco, apesar do visível cansaço, subiu os degraus e dirigiu-se para a primeira fila dos peregrinos, onde estávamos eu e Valéria.

As aclamações e salva de palmas de nós, peregrinos, desafiou a capacidade de nossos ouvidos... Um grande número de jovens casais, vestidos de noivos, vendo o papa chegar, saíram apressadamente da basílica, onde se refugiaram por causa de um chuvisco. Eram casais do ano 2019 dos cinco continentes, que se organizaram para fazer uma homenagem ao Papa.

DIÁLOGO EMOCIONANTE E TESTEMUNHO DE FÉ

Enquanto isso, papa Francisco escutava e abençoava cada peregrino e estava se aproximando cada vez mais de nós. O coração batia fortíssimo, por causa da emoção. A possibilidade de falar com ele parecia cada vez mais concreta; já nos sentíamos satisfeitos por beijá-lo e receber sua bênção. Quando chegou a nossa frente, Valéria foi mais ousada e muito livre. Depois de ter beijado devotamente o anel, surpreendeu o Papa, dizendo-lhe: "Santo Padre, sabe que eu recebi a primeira santa comunhão do Padre Pio?"

Papa Francisco respondeu sorridente, colocando a mão em sua cabeça a abençoando: "Parabéns! Imagino que foi muito emocionante!" Valéria respondeu: "Sim! Muito emocionante!" Sentindo-se muito à vontade por tanta amabilidade, apresentou-me ao Papa com muita familiaridade: "Ele é meu irmão!" Eu fiquei profundamente emocionado, como uma criancinha. Sentia-me incapaz de aguentar tanta emoção, sentia a garganta bloqueada e incapaz de pronunciar uma palavra.

Fiquei tantos dias pensando nesse encontro e imaginando que, talvez, chegaria a falar com papa Francisco. Tinha preparado uma frase que, na hora, sumiu... Procurei reagir com força, não podia ficar mudo! Quando senti a mão de Francisco posar delicadamente sobre minha mão direita, apertei-a com força com a mão esquerda. Levei-a até minha boca para beijar o anel.

Naquele momento, tudo voltou com clareza em minha mente. Balbuciei: "Santidade, peço uma oração particular para..." Ele respondeu prontamente: "Sim, certamente... com todo o meu coração..." Acrescentei: "...Por uma família de imigrantes que eu e minha irmã acolhemos em nossa casa há quase um ano..." Ele disse: "Oh, que bonito!... Sim, sim, não tenha dúvida!" Consegui acrescentar: "É uma família de cinco pessoas: pai, mãe e três meninas: de 10, 9 e 6 anos. Veio para a Itália da Albânia. Viviam em uma barraca sem luz, sem gás por falta de recursos. Era uma situação indigna! Principalmente as meninas não podiam viver desse jeito. Foram acolhidas em nossa casa e oferecemos tudo de que necessitam. O pai é um bom pedreiro, mas não podia trabalhar na Itália porque estava "sem licença de acolhida! Agora, finalmente, a partir de 31 de janeiro, conseguimos licença de que permaneçam. Ainda não conseguiu um trabalho com carteira assinada. Trabalha fazendo bicos; ferindo sua dignidade".

O Papa comentou: "Parabéns para o bem que estão fazendo, vocês são legais. Certamente vou rezar para eles e para vocês!" "Obrigado, Santidade! Muito obrigado!"

Papa Francisco se despediu de nós com um caloroso aperto de mão... Logo já estava apertando a mão da pessoa a meu lado, que com muita emoção estava pedindo uma oração, uma súplica, uma intenção.

Eu, com o desejo de prolongar esse precioso encontro e para tornar mais leve a sofrida separação, coloquei minha mão esquerda sobre seu curvado ombro, para um carinhoso "ADEUS"!

MAIS UM TOQUE DA DIVINA PROVIDÊNCIA

Hoje é dois de maio do 2019. Passou exatamente um mês de nosso encontro com papa Francisco que aconteceu no dia três de abril do 2019. Hoje mesmo é também o primeiro dia que Alex, hospedado em nossa casa, encontrou um trabalho regular. Ele, esperto pedreiro, foi contratado por uma empresa de nosso bairro. Será que é coincidência? Não acredito! Acredito que Deus Pai, que é PROVIDÊNCIA, acolhe nossos pedidos quando visam a nosso bem e ao bem do nosso próximo.

Jesus, nosso maior e melhor amigo, disse: "Pedi e vos será dado... Onde dois ou três estiveram reunidos em meu nome, Eu estarei no meio deles..." Tenho certeza de que o papa Francisco acolheu meu pedido a favor da família de Alex. Todos os católicos rezam todos os dias *segundo as intenções do Sumo Pontífice*. Então gosto de pensar que, misteriosamente, a Igreja Inteira rezou pelo senhor Alex e sua família.

Sendo eu formado em matemática, costumo trabalhar com a "propriedade transitiva", por isso penso que com a oração acontece a mesma coisa: rezando pelas intenções do Papa, todo mundo realiza um mutirão de orações para Deus Pai.

Cabe a Ele depois partilhar essas orações para as inúmeras pessoas que enviam cartas ao Papa, nas quais comunicam situações, trágicas ou não, que fazem sofrer a família humana. Tudo isso não podemos chamar de PROVIDÊNCIA? No dia 26 de maio, duas meninas, filhas do senhor Alex, receberam o batismo no rito católico (a terceira já foi batizada no rito da Igreja Ortodoxa).

As duas meninas maiores receberam também a primeira comunhão na Igreja Católica. Esse percurso de integração religiosa no espírito ecumênico entre Igrejas Cristãs não é também um bonito sinal de Providência? Nós fazemos votos de nos tornarmos simples instrumentos nas mãos misericordiosas de Deus Pai, que é o grande protagonista da história da salvação. Ele é a PROVIDÊNCIA em todo lugar e em todo tempo!

Tonino Monteodorisio e
sua sorella Valéria

PELOS CAMINHOS DA PROVIDÊNCIA

Minhas experiências de fé sempre me confirmaram que nada na vida acontece por acaso e que tudo em nossa vida é perpassado pelos atos de um Ser maior, que nos permite ver, ouvir ou passar por algumas vivências para as quais sempre temos explicações claras, porém acabamos tendo a garantia de que não era o acaso a fonte delas.

Era outubro de 2018. Estava passando pelo auge de uma pesquisa sobre menores estrangeiros não acompanhados, com os quais deveria fazer uma pesquisa de campo para compreender melhor as razões de suas andanças, o que havia de tão grandioso no ato de migrar que lhes dava uma força incomparável para atravessarem, em tenra idade, o mediterrâneo, rumo à Europa. Ademais, a pesquisa tinha como finalidade escutá-los para saber o que pensavam sobre as publicações da imprensa italiana sobre eles.

Fato é que fazia parte de meu trajeto de pesquisa uma viagem, entre tantas outras, à Lampedusa. Existe lá um lampedusano famoso em gestos e palavras, cuja fama tem se ampliado, pelas inúmeras vidas de pessoas que atravessam o oceano, vindas, em sua maioria, de países da África, e que são, constantemente, salvas por ele. Pietro Bartolo é seu nome, médico e diretor do Poliambulatório de Lampedusa. A primeira razão de minha viagem até esse minúsculo pedaço de terra, em meio ao mediterrâneo, era o encontro com os menores. A segunda era conhecer Barloto.

Já no primeiro dia, aquela que se fez minha anfitriã na cidade, uma senhora Lampedusana, pequena em estatura, mas enorme em feitos de humanidade, a senhora Pilla, apresentou-me a algumas pessoas de sua família e me fez conhecer, de imediato, o padre da cidade, chamado em italiano de Dom Carmelo.

Ao me apresentar como brasileira, o padre me disse que Lampedusa e Brasil tinham uma estreita ligação. Foi aí que um frio gelado começou a correr por minha espinha dorsal e me emocionei. Carmelo me contou as razões dos vínculos entre a ilha e o Brasil.

Em tempos de escravidão africana no Brasil, alguns navios tinham como lugar de passagem Lampedusa. Conforme me relatou Dom Carmelo e outros lampedusanos, um grupo de escravos que passou por Lampedusa, ao se tornar devoto da padroeira do lugar, a Madonna di Porto Salvo ou Nossa Senhora de Lampadosa, levou ao Brasil uma imagem da santa, a qual se encontra no Rio de Janeiro, na Igreja que leva seu nome.

A devoção a Nossa Senhora da Lampadosa remonta uma suposta aparição da Virgem Maria a um italiano escravizado pelos turcos na ilha de Lampedusa no final do século XVI. Esse culto se espalhou entre os escravos do Rio de Janeiro. Antes de 1740, uma irmandade acabou sendo fundada pelo grupo de escravos devotos, sediada na Igreja do Rosário e São Benedito.

As origens do templo remontam a 1748, a um terreno doado à Irmandade Negra de Alampadosa ou Lampadosa. Só em fins da década de 1740, a irmandade iniciou a construção de um templo para abrigar a imagem. Mello Morais Filho apresenta, em "Festas e Tradições Populares do Brasil", uma divergência quanto à data de dedicação do templo, situando-a em 1742, uma vez que cita o documento da paróquia em que a Irmandade de Santo Rei Baltazar pedia a autorização para realização de sua tradicional celebração em 3 de dezembro de 1748.

Em 1930, a antiga construção foi demolida e um novo prédio, em estilo neocolonial, foi erguido, pelo projeto dos arquitetos Paulo Candiota e Eduardo de Sá, sendo inaugurado em 1934.

Desde aquela conversa com os lampedusanos, pus-me a pensar se não era a Providência que teria me permitido estar naquele lugar por onde, sabe Deus, quantas vezes e quantos imigrantes africanos passaram com o coração na mão, uma vez que eram forçados a deixar para trás suas histórias para viverem como escravos em terras estrangeiras. E, constantemente, pergunto-me por que "eu" tomei conhecimento dessa história e fui parar lá?

De uma coisa, porém, estou certa: a Providência me permitiu tomar consciência de que a escravidão africana só ganhou outras características, mas continua. Os filhos da África, ainda hoje, sete séculos mais tarde, continuam passando por Lampedusa, perdendo a vida ao redor da ilha e nos convocando à resistência.

Devo dizer que essa história me inquieta. Também passei por Lampedusa, por outras razões, em outra época, claro. Trouxe também para o Brasil uma imagem de Nossa Senhora de Lampedusa, com a qual me presenteou o padre Carmelo. São histórias de vida, de descendências que se cruzam, que se repetem. E em tudo deve ter um sentido a descobrir. Será que parentes meus passaram por lá para que hoje eu estivesse aqui?

São os caminhos da Providência.

Rosinha Martins

é jornalista, mestra em jornalismo,
imagem e entretenimento pela
Fundação Cásper Líbero – São Paulo – SP.

OS TOQUES DA DIVINA PROVIDÊNCIA NO DIA A DIA

CHEGOU O LEITE

Na manhã do dia 20 de abril, durante o café da manhã, nossa cozinheira, dona Lurdes, perguntou ao Pe. Crispin: "Padre, hoje vai comprar o leite? Já pedi ontem". Pe. Crispin respondeu: "não sei...!" Depois de dois minutos, chegou um casal. Ela entregou à dona Lurdes duas garrafas de leite, cada uma de dois litros. Ele, o senhor Zeferino, entregou uma grande forma de queijo. Dona Lurdes recebeu os dois presentes com o rosto radiante. Pe. Crispin e eu reagimos exclamando: "nada é coincidência... tudo é Providência!"

PRESENTE PASCAL

Hoje, dia 20 de abril de 2019, véspera da santa Páscoa, às 9h30, veio ao seminário uma senhora trazer uma "mini cesta pascal em nome do COPAE" (comissão paroquial econômica). Eu a acolhi com um grande sorriso e a convidei a levar a minicesta ao refeitório para entregar "o agrado" à dona Lurdes. Cumprimentaram-se e, na hora da saída, tomei a iniciativa de entrevistá-la: nome, sobrenome, data de aniversário, número de telefone. Perguntei: Há quanto tempo faz parte do serviço do COPAE? Respondeu: "Faz seis anos. Queria deixar, mas ninguém quer assumir. Eu estou doente, tenho câncer no pulmão e estou fazendo quimioterapia em Cascavel. Graças a Deus estou reagindo bem; o médico disse-me que está com inveja de mim. Pe. Giovanni, descobri a presença do câncer no dia de meu aniversário; será que foi por coincidência?" Eis minha reação: "Não foi por coincidência, foi por Divina Providência. Vamos agradecer e voltar a agradecer à Divina Providência com o coração em festa".

A MARAVILHOSA INTERCESSÃO DE SÃO PE. PIO

Na noite do dia 27/4/2019, fui celebrar no Santuário de Nossa Senhora Aparecida, em Laranjeiras do Sul, diocese de Guarapuava. Depois da celebração da santa missa, veio à sacristia, após os coroinhas e ministros saírem, uma miudinha mulher. Ela veio me comunicar uma bela surpresa! Sorrindo, perguntou-me: "o senhor se lembra de mim?" "Não me lembro". "Lembra-se do pedido que havia feito?" "Por favor, ajude-me a lembrar." Ela falou assim: "há 3 meses o senhor me deu carona para chegar aqui ao santuário, porque o senhor não se lembrava do caminho certo". "É verdade...

é verdade, agora me lembro." "Eu tinha pedido ao senhor que rezasse para que eu engravidasse. O senhor me disse: 'Vamos pedir a São Pe. Pio essa graça. Eu vou rezar, mas também você vai rezar a São Padre Pio!' Hoje, vim para comunicá-lo que consegui a graça: eu estou grávida."

Fiquei feliz, muito feliz e sem palavras; depois falei: "agora vamos agradecer ao Padre Pio essa especial graça. Você conhece um pouco da vida de Pe. Pio, já leu a vida dele?" Respondeu: "Não conheço nada dele". Finalmente, eu disse: "Aqui em Laranjeiras, na livraria VIDA NOVA da Maristela, você encontrará duas ou três obras da vida de São Padre Pio. Vale a pena ler para conhecer e agradecer. Vamos agradecer também à Divina Providência, que proporcionou nosso encontro, dando-nos a oportunidade da carona e a graça de uma nova vida!"

NEM SOBROU... NEM FALTOU

Dia 27/4/2019 era um sábado. Às 15h fui rezar missa na capela dedicada a Nossa Senhora Aparecida, localizada no km 8, município de Porto Barreiro. Antes de sair de casa, lembrei-me da famosa frase de Santo Agostinho: "Quem ama tem sempre algo para doar, mesmo que seja um fósforo". Coloquei no livrinho da liturgia diária alguns santinhos de Nossa Senhora da Estrada. Esse santinho de um lado tem a imagem e a oração de Nossa Senhora da Estrada; do outro, tem a história da origem de devoção. Sua origem nasceu em Roma com Santo Inácio de Loyola e São Francisco Xavier, os missionários que saíram de

Roma para o mundo, anunciando o Evangelho. Paravam para fazer longas orações em frente a essa imagem; pediam a proteção da Virgem Maria em suas andanças pelas estradas do mundo. São Francisco Xavier, apóstolo do oriente e padroeiro das missões, é chamado "o São Paulo da época moderna". Quando cheguei à capela, cumprimentei "o povo de Deus", distribuindo os santinhos para adultos e crianças, que estavam presentes. No final, faltou um santinho para um adulto e fiquei um pouco decepcionado. Porém, neste momento, uma senhora me devolveu seu santinho, comentando: "já tenho o do meu marido. Agradeci a ela, e Nossa Senhora Aparecida me tranquilizou. "Nem sobrou, nem faltou. Mais uma vez experimentei a bênção do ditado: Nada é coincidência, tudo é Providência!

SANTUÁRIO DIVINA E TRINA TERNURA: UM LUGAR PARA SÃO GUIDO CONFORTI

GLÓRIA À DIVINA E TRINA TERNURA, GLÓRIA A DEUS, QUE A TODOS CURA

Esse é o primeiro Santuário do mundo dedicado à Divina e Trina Ternura, localizado em Guarapuava, no centro do Paraná. Todas as igrejas são dedicadas à SS. Trindade e, ao mesmo tempo, a um Santo ou a Nossa Senhora. Nosso Santuário é dedicado a SS. Trindade no enfoque da TERNURA, pois a humanidade, como nunca, está sedenta de ternura, de amor, de acolhida, de orientação e de perdão.

HISTÓRICO

Durante a última Guerra Mundial, debaixo dos bombardeios, semeando morte e destruição, Deus suscita vozes proféticas. Deus sabe das maiores desgraças, desperta misteriosas luzes de Graças.

Na Itália, Chiara Lubich, vendo ruir casas e, sobretudo, projetos de vida, descobre que só Deus não passa... e, naquelas divisões bélicas, propõe a unidade como ideal de vida.

Na Alemanha, Clara Schlink, diante da própria cidade destruída, teve uma intuição: fundar um movimento de reconstrução da humanidade tendo o Evangelho como modelo.

Também na Itália, em uma cidade perto de Assis, uma jovem, Constância Scarponi, encontra no Salmo 144 a resposta aos desafios das casas destruídas pelos bombardeios. Em 1941, Constância entra no convento das Clarissas, que logo é destruído pelos bombardeios. A jovem noviça sente uma voz: precisava construir um santuário dedicado à DIVINA E TRINA TERNURA! "Deus cobre toda criatura com sua ternura" (Salmo 144).

Por quase meio século, Constância, depois Madre Constância, não sossegou até construir um Santuário dedicado à Divina e Trina Ternura. Onde? Em Roma, em Assis, a terra de São Francisco, em Jerusalém? O sonho não se realizava. Escreveu ao Papa, que profetizou: "Aguarde, Deus te indicará o padre certo..."

Em 1985, lendo um artigo de uma revista italiana, tendo como tema a DIVINA E TRINA TERNURA, (DIO VIOLENZA O DIO TENEREZZA?), escrito por um missionário evangelizando no Brasil, teve uma intuição: "Este padre levantará o Santuário!" Pe. GIOVANNI ROCCHA (João Rocha) sonhava ser missionário Xaveriano, mas o bispo não o autorizou. Ele residia em Curitiba. Madre Constância, tendo-o localizado, logo iniciou com ele uma intensa correspondência. O Santuário devia surgir em Curitiba, onde já funcionava a casa de retiro dedicada à Nossa Senhora do Rocio, chamada popularmente de TAPERA. A pedido de D. Albano Cavallin, o missionário foi convidado para iniciar em Guarapuava não apenas o Santuário, mas também um centro de espiritualidade. Foi assim que iniciou a aventura.... DIVINA E TRINA TERNURA!

No dia 11 de dezembro de 1994, foram celebrados, na periferia de Guarapuava, ao lado da BR 277, a primeira Santa Missa e o erguimento de um CRUZEIRO, local logo denominado "Morro da Divina Ternura". Curiosa a coincidência que é providência: Pe. Giovanni nasceu em 1941, ano da entrada no convento de Madre Constância, não se tornou Xaveriano, mas, no santuário DIVINA TERNURA, fez pintar no juízo final S. GUIDO CONFORTI, fundador dos Xaverianos, logo após a canonização; talvez seja a primeira homenagem iconográfica do mundo!

VISITA AO MORRO DA DIVINA TERNURA

Ao pé do morro, um majestoso pinheiro parece o guardião que nos acolhe com carinho: "Seja bem-vindo". O sóbrio portal nos convida a entrar no sagrado recinto. Três muros de pedra em semicírculo simbolizam os três abraços: Do Pai, do Filho e do Consolador. A trifora do portal ainda evoca a SS. Trindade. Do mosaico emana o carisma do centro de espiritualidade.

O Filho grita: "Meu Deus, meu Deus, por que me abandonaste?" A pergunta ecoa em um trágico e prolongado silêncio. O Filho sente um calor nas mãos e pergunta: "Quem me toca?" O Pai eterno, com ternura, responde: "SOU EU... Eu nunca te abandonei. É você que deve abandonar-se plenamente em mim!..." O diálogo termina com a oração mais vivencial, que todo cristão deve repetir: "Pai, em tuas mãos entrego meu Espírito". Entrando no sagrado recinto cantemos...

"Quem pode subir ao morro do santuário do Senhor?"(Sl 23)

Subimos o caminho dos peregrinos, que ainda evoca a Trindade com suas três curvas. Na entrada do claustro, um pequeno portal com dois afrescos, convida-nos a vivenciar A DIVINA TERNURA: de um lado, Jesus nos acolhe com todas as nossas enfermidades, pois: DELE SAÍA UMA FORÇA QUE CURAVA A TODOS; e do outro lado, Jesus nos convida a procurar orientadores, novos Ananias para direcionar os Saulos desnorteados: VAI À DAMASCO E LÁ SABERÁS O QUE DEVES FAZER. No claustro, Nossa Senhora do Rocio ou da Ternura ou do bom parto nos acolhe. Eis a gruta de pedras típicas de Guarapuava, pedras mal talhadas, diz S. Pedro na 1ª carta (1Pd 2,5): símbolo dos cristãos pecadores, chamados à santidade.

Voltemos ao claustro da gruta de pedra, onde podemos contemplar a cidade e a rodovia com seu frenético tráfego de carros, caminhões e ônibus. Aqui a cidade de Deus, símbolo da Jerusalém Celeste, lá a cidade dos homens com sua selva de pedras.

No claustro vemos o mosaico da Divina e Trina Ternura. Pare, medite, ore. Nossa Senhora nos acolhe e conosco adora a SS. Trindade.

O mosaico é cópia da pintura central do Santuário.

Continuando o caminho rumo ao Calvário, o Mestre nos espera e parece convidar: "Que bom que você veio. Não acha bom? Então suba aqui para fazer algo melhor do que eu!" Neste morro, onde devia surgir uma casa de perdição, um motel, Jesus tornou-se o guardião da cidade. E do Calvário subimos ao Santuário Eucarístico, onde celebramos a Missa diária e adoramos o Cristo vivo e ressuscitado, especialmente toda noite entre sábado e domingo, e toda sexta-feira.

SANTUARINHO EUCARÍSTICO

O portal entalhado em madeira com o sacrário e três pinturas, lembra-nos as três comidas:

A primeira é o leite de Maria amamentando Jesus;
A segunda é a oferecida na última ceia (a Eucaristia);
A terceira é o Paraíso (Banquete Trinitário).

Os vitrais refletem o Mistério Trinitário: O Pai é simbolizado no olho terno com a lua (Maria) e as estrelas (os santos); Jesus crucificado, representado na coroa de glória, proclama que o amor nos impele; o Espírito Santo na pomba; Maria no lírio; e a Igreja em um jardim de lírios. O forro com o lucernário é um convite a aguardar o prêmio do Paraíso.

"Sobre a cabeça do justo floresce uma coroa" (Sl 131). O altar da Divina Ternura é apoiado sobre o tripé: da Divina Vontade (no centro: o momento presente), da Divina Misericórdia (à esquerda: o passado) e da Divina Providência (à direita: o futuro). O relógio da Divina Ternura tem um lema: "O relógio marca o tempo, a CRUZ marca a eternidade".

SANTUÁRIO DA DIVINA TERNURA

O grande Santuário, com seu rústico pórtico de tijolos maciços e seus harmoniosos arcos, é de estilo românico-lombardo. No medalhão da fachada, contemplamos o mosaico da Sagrada Família e cantamos: "Tudo poderia ser melhor se as mães fossem Maria, se os pais fossem José e se a gente parecesse com Jesus de Nazaré".

Agora entremos no grande Santuário:

O afresco Trinitário, atrás do altar, acolhe-nos, e Maria nos convida a nos aproximar.

A) PRELIMINARES

* Iconografia é a arte de pintar temas religiosos.

* Icono-dulia é a veneração dos ícones, não é iconolatria ou adoração dos ícones.

* Podemos venerar (não adorar) imagens, pois a imagem nos eleva a quem representa.

* Fundamento bíblico da veneração das imagens é a Iconoclastia, destruição dos ícones. Texto de S. Paulo.* "Cristo (visível) é a imagem do Pai, Deus invisível" (Cl 1,15-20)

B) O AFRESCO CENTRAL DO SANTUÁRIO DA DIVINA TERNURA

– A pintura original é de Aronne Del Vecchio, com nova leitura de Bernadete Depiccoli e Silvia Matos. O afresco, ou pintura sobre alvenaria, representa a SS. Trindade e Maria.

Quer transmitir a mensagem central do Cristianismo: Somos filhos para adorar e irmãos para servir. O afresco emana harmonia, júbilo, serenidade nos gestos dos Três e de Maria.

Maria, a cheia de Graça, é como batizada ou mergulhada na SS. Trindade.

A ordem de Jesus foi incisiva: "Ide a todos, batizai em nome do Pai, e do Filho e do Espírito Santo. Estou convosco todos os dias, até o fim do mundo!" (Mt 28,16-20).

1) O Pai, o braço forte, o Deus por nós,
a pura gratuidade.

* Olha para a humildade de sua serva e diz: "Tu és minha filha, eu hoje te gerei" (Hb 1,5 e Sl 2,7).

* Ele tem o mundo em suas mãos. O mundo é obra de suas mãos (Sl 102- Gn 1).

* Ele é o princípio e o fim, o Alfa e o Ômega (Ap. 21,6).

2) O Filho, a mão plasmadora, o Deus conosco, a pura gratidão.

* Jesus nos olha como olhou para Pedro, Judas, Madalena (Levanta), Zaqueu (Desce), o jovem rico, Bartimeu, Tomé, Marta, a multidão faminta, a samaritana...

* Jesus diz: Quem vê a mim vê o Pai (Jo 14,7-14).

* Sem mim nada, nada, nada podeis fazer (Jo 15,1-5).

* Ide ao mundo inteiro (Mt 28,16-20).

* Jesus com as mãos furadas nos diz: De graça recebeste, dai de graça (Mt 10,8).

* Todo cristão deve ter as mãos furadas:

* TUDO REPARTIR COM OS EXCLUÍDOS.

3) O Espírito Santo, o dedo indicador, o Deus em nossa vida, o êxtase.

A pomba revela leveza, serenidade, simplicidade, júbilo.

Os raios simbolizam os dons e os frutos.

DONS: sabedoria, entendimento, conselho, fortaleza, ciência, piedade, temor de Deus (Is 11,1-2).

FRUTOS: ternura, autodomínio ou sobriedade (Gl 5,22-24).

4) Maria, a cheia de Graça!

Maria é a mãe que olha para seus filhos.

Maria diz: - Eis aqui a serva do senhor. Faça-se em mim conforme tua palavra. (Lc 1,38).

– Fazei tudo o que ele vos disser (Lc 2,5).

Maria quer carregar todos no colo (Sl 130).

CONCLUSÃO: Somos Filhos para adorar e Irmãos para servir

Ao lado do altar, os quatro evangelistas continuam a nos evangelizar:

– São Mateus, com o anjo, revive o chamado;

– São Marcos, com o leão, medita a crucificação de São Pedro;

– São Lucas, com o boi, relembra o chamado de São Paulo no caminho de Damasco;

– São João, com a águia, medita a última cena do Calvário com Maria.

Os lustres de madeira, com seus três corações e três flores entalhadas e luminosas, voltam ao tema Trinitário: um é solidão, dois é competição, três é comunhão. Nosso Deus é comunidade de três pessoas. Nas paredes contemplamos os vinte mistérios da vida de Jesus e de Maria. Ao final, o Rosário é ver a vida de Jesus com os olhos da Mãe.

C) PINTURAS INTERNAS DO SANTUÁRIO

As pinturas e os mosaicos evangelizam pela terceira dimensão: pela beleza. O Santuário tem a vocação de evangelizar pela beleza. A verdade passa pela catequese, a caridade pelas obras sociais e a beleza pelas obras de arte. Nossas pinturas e mosaicos são de duas vertentes. Umas são nossas criações e outras são leituras de obras clássicas.

Chama-se leitura uma cópia alterada com novas criações. Típica leitura é a Coroação de Maria com Carlos de Jesus, Dom Bosco e Santa Teresinha. As leituras das pinturas do rosário são de duas guarapuavanas: Silvia Matos e Inês Fabiani.

MEDALHÕES DOS 20 MISTÉRIOS DO ROSÁRIO E DOS 4 EVANGELISTAS

Todos os 24 medalhões têm como fundo o azul, a cor do céu. Todo o Santuário é o Símbolo da Jerusalém Celeste ou Paraíso.

Os romeiros, contemplando o azul, devem pregustar nossa meta final. O eterno júbilo da Jerusalém Celeste.

MISTÉRIOS GOZOSOS

– Anunciação: – Original: não identificado.
– Visitação: – Original: não identificado.
– Nascimento: – Original: não identificado.
– Apresentação no Templo: – Original: Francesco Furioli.
– Reencontro no Templo: – Original: Francesco Furioli.

MISTÉRIOS LUMINOSOS
– Batismo: – Original: Patinier.
– Milagre de Caná: – Original: Francesco Furioli.
– Anúncio do Reino: – Original: Bloch.
– Transfiguração:– Original: Raffaello Sanzio.
– Eucaristia: – Original: não identificado.

MISTÉRIOS DOLOROSOS
–Suor de Sangue: – Original: Francesco Furioli.
– Flagelação: – Original: Garofalo.
– Coroação de Espinhos: – Original: Van Dyck.
– Subida ao Calvário: – Original: J. Bosch.
– Crucificação: – Original: Edson Ikeda.

MISTÉRIOS GLORIOSOS
– Ressurreição: – Original: não identificado.
– Ascensão: – Original: Mantegna.
– Pentecostes: – Original: El Greco.
– Assunção: – Original: Tiziano.
– Coroação de Maria: – Original: Rafaello Sanzio.

Os quatro medalhões dos Evangelistas Mt, Mc, Lc e Jo são originais do Santuário, obra-prima de Edson Ikeda; portanto são os únicos no mundo.

D) MOSAICOS E PINTURAS EXTERNAS

As pinturas externas do Santuário Eucarístico são expressivas. Do pátio do estacionamento, aparecem dois afrescos: o lava-pés e a entrada de Jesus em Jerusalém. Na luneta acima da porta de entrada, vemos a cena de Emaús: celebração da Eucaristia pelo próprio Mestre com dois discípulos.

Não poderíamos deixar o Santuário sem tomar a prodigiosa água do poço artesiano, profundo 120 metros, brotando da rocha. E, ao mesmo tempo, saborear os mais variados produtos da panificadora DIVINA TERNURA ou, ainda, as verduras deliciosas da horta comunitária.

MENSAGEM FINAL

O verdadeiro Santuário é cada pessoa, cada romeiro que aqui encontra seu espaço e reencontra sua identidade, ou nas celebrações litúrgicas comunitárias, ou na oração pessoal.

Venha participar conosco; venha nos visitar. Não é uma coincidência, mas uma PROVIDÊNCIA, QUE ESTE SANTUÁRIO SURGIU AO LADO DE UMA GRANDE RODOVIA.

Você, que transita na BR 277, pare, olhe, escute e ore. O Santuário sempre será símbolo da Jerusalém Celeste, do Paraíso, do júbilo sem-fim (Sl 15).

Pe. João Rocha
Guarapuava - PR

A PROVIDÊNCIA DIVINA NOS COLOCOU LADO A LADO!

Essa foi uma das frases de um cartão de agradecimento de minhas Bodas de Esmeralda: 40 anos de casados. São quarenta anos de Sacramento do Matrimônio, nos quais a Providência Divina caminhou conosco.

Tudo começou no dia 31 de março de 1979, às 17h30, em Toledo - PR. Aliás, começou mesmo antes, no berço, ou antes, na criação de todas as gerações de homens e mulheres, que vêm desde o início do: "Frutificai, multiplicai-vos enchei a terra e submetei-a". Concorda comigo? (Gn 1,28)

Nesses quarenta anos, tivemos, sim, dificuldades e tivemos de nos adaptar um ao outro, fazer ajustes pequenos, outros maiores; mas houve muitas vitórias. Com certeza, lapidar um ao outro o tempo todo foi um dos ajustes.

Consigo perceber, hoje, que, quando nos lapidávamos – e sem saber que naquele instante era um polir de almas –, era a mão da Divina Providência de Deus que nos dava as ferramentas para prosseguir. Ou ainda, poderia dizer, Ele mesmo lapidava nosso ser.

Às vezes, na forma de silêncio de um; da paciência do outro, ou mesmo do falar, ou ainda, deixar aquele momento passar! A bondade do Senhor de toda a eternidade estava presente como dádiva, na total gratuidade.

Sua presença nos fez caminhar e não desistir. Consigo ver a sobrevivência de uma vida a dois na Graça de Deus. Temos um caminho a percorrer, ainda, com a Graça d'Ele.

Somos de família católica. Porém, quando engravidei de nosso primeiro filho, o Alexandre, tive a noção, mais clara ainda, de que nós, sozinhos, não conseguiríamos educá-lo adequadamente. Precisávamos muito estar mais perto de Deus Pai.

Então eu queria mais do que participar das celebrações da Missa. Eu queria compreender mais a fé, e fé adulta, como São Paulo nos fala. Nem sei ainda se a compreendi em sua inteireza. Compreender e viver mais a caridade. Estudar mais, caminhar como Igreja. Ser Igreja doméstica e peregrina.

Dei catequese, conheci os primeiros passos da Pastoral da Família - em seu início. Vieram outros retiros e reflexões. Sei que é preciso caminhar sempre e caminho para alimentar a fé, que é uma virtude que nasce da essência divina. No entanto, eu preciso estar na presença da Providência, pois o Evangelho de Mateus 6,21 nos diz: "Onde está teu coração aí está teu tesouro". Percebo que necessito me aproximar da "Fonte da Vida"! Daquele que tudo providencia.

Alexandre Cassiano, nosso filho mais velho, nasceu dia 27 de dezembro de 1982, e sei que engravidei na **Sexta-**

-feira Santa desse ano. Falei, ao me levantar, ao meu marido: "Estou grávida e é um menino". E assim aconteceu!

André Felipe é o segundo filho, **nasceu na Sexta-feira Santa,** dia 1° de abril de 1988. Coincidência da Sexta-feira Santa? Não!

Um ano depois do nascimento de André, a professora do Alexandre, da pré-escolar, fez um pirógrafo com o nome do **Alexandre** em uma madeira para colocar na porta do quarto: acho que era pela passagem do dia das crianças.

Como as duas crianças dormiam no mesmo quarto, pedi que também fizesse com o nome do André. Analisando seus nomes periografados, um sobre o outro, tive uma grata surpresa: o nome do **André** estava também no nome do Alex**andre**. Coincidência ou Providência?

Deus providenciando, inspirando-nos, na escolha dos nomes dos meninos! Eles estavam inscritos na palma da mão do Senhor, conforme Isaías 49,16. Deus se manifestando nos detalhes, manifestando-se em nossa história do dia a dia: nada é coincidência, tudo é PROVIDÊNCIA. Às vezes, passamos pelo caminho tão despercebidos, que não observamos a Providência que fala e se manifesta, só falta nos sacudir, abrir nossa cabecinha, para dizer o quanto Ele está e o quanto **"Ele é"** em nossa vida!

Morando em Toledo ainda, disse um dia ao Claver, meu marido, que gostaria de "gerar luz a quem não tivesse luz!" Ele me perguntou o que eu estava querendo dizer...

– Adotar alguém!

Foi um **"nunca"** e um salto da cama onde estávamos deitados!

Repeti: "Eu disse que **gostaria** e não que estou adotando!" No entanto, "tudo que se cria na mente do subconsciente, torna-se realidade" (Parapsicologia do Sistema Grisa).

A Ana veio depois de eu ter dito, uma vez, isto: "gostaria de dar à Luz quem não tem luz"; aproximadamente 22 anos depois. Ela veio para sair de uma situação de dificuldades que sua família estava passando. De fato, até então, dentro de mim, predominava "o salto" ao qual eu presenciei e a forte palavra "Nunca!"

No entanto, notei que o Claver teve atitudes de acolhida antes mesmo que eu. Só depois disso fui assumindo, de fato, em meu coração, a possibilidade de estarmos "gerando luz" da forma que havia dito há anos.

Entre luzes e cruzes, precisávamos buscar recursos para direcionarmos a educação e orientação da Ana Paula. Havia atitudes que eu não conseguia compreender. Estava muito difícil de acertar as passadas nossas com as dela.

Entre tantas buscas, chegamos até um Parapsicólogo em Florianópolis – Pedro Antonio Grisa. Foi muito bom ter chegado até ele e receber as orientações possíveis. Foi um caminho de luz no fim do túnel. Muita luz a partir dali!

Ana "significa duas vezes luz", disse ele. "Ana. Paula, significa: Pauuu...la!" Eu não entendi nada! Seu nome: Ana Paula significa "Luz e Força". E ela é assim!

Vi e percebi que o nome dá sentido à vida. Descobri com Dr. Grisa que **Gelci** significa: "Gerar Luz", aquilo que eu dizia: quero dar à luz a quem não tem! Que Claver significa: Ser chave! Quanta emoção em um só dia! Como não acreditar que foi um toque de amor e de ternura da Divina Providência?

Houve muitas constatações e a realização em ser também uma parapsicóloga a partir disso! Foram três anos de formação. Sei que posso e gero luz em quem deseja, quer e precisa se autocompreender.

Depois, a Ana disse que teria de morar conosco, pois seu nome também começa com "A", como Alexandre e André. Todo têm essa chama de luz! Estava tudo certinho. Coincidência ou Providência? Lindíssimo!

Nesse caminhar, muitas coisas poderiam ser **refletidas**. A oportunidade que, tão generosa e graciosamente, o Padre Giovanni está concedendo a várias pessoas de participar desta obra, dando seus testemunhos, é maravilhosa! São textos que edificam e cativam.

Padre Giovanni, leitor assíduo, a todo instante nos surpreende com sua maneira de ser e com sua memória incrível. Gosta de partilhar passagens bíblicas, documentos do papa Francisco e da vida dos santos.

Ele nos move e nos inspira a partilharmos um pouquinho de nós em seu livro. Lembrou-me de que Deus se manifesta nos detalhes e que as nossas palavras ficam aquém do que realmente somos e podemos dizer a respeito de Deus, que vive no meio de nós e se manifesta entre nós.

Uma leitura humana olha os fatos dentro de uma ótica do dia a dia. No entanto, olhá-la com os olhos da fé é exatamente ir além das aparências, daquilo que costumeiramente vemos, ouvimos e sentimos. Partilhar experiências, mescladas como olhar da Divina Providência, é uma maneira viva de fazer crescer a fé também nos irmãos. É maravilhoso poder partilhar a vida de Deus, que se manifesta em nós nos pequenos detalhes.

Deus "é conosco" na simplicidade do nome, em seu significado, na brisa, na calmaria, no falar, no compreender, no silenciar. Às vezes, é necessário tomar distância e sair! "Entrar no quarto, fechar a porta" de nosso coração para que possamos ouvir sua voz (Mt 6,6).

Como São Paulo relata na peregrinação de suas missões: "A Graça da Missão é dada para mim, mas a vantagem é de todos vós!" Precisamos olhar para isso e dizer a nós mesmos: temos uma missão, enquanto peregrinos, de colaborar com a obra do Reino de Deus ou Civilização do Amor. Gosto de lembrar esta verdade evangélica: " Todo aquele a quem muito foi dado, muito lhe será pedido; a quem muito foi confiado, dele será exigido muito mais!" (Lc 12,48)

Muitíssimo obrigada pela oportunidade e bênção desta partilha!

Maria Gelci
Laranjeiras do Sul – PR

POSFÁCIO

Gosto de lembrar e de partilhar três pensamentos que marcaram muito minha vida:

Primeiro: A vida é trágica não por aquilo que se sofre, mas para aquilo que se perde!

Segundo: É preciso mudar no pensamento para mudar no comportamento!

Terceiro: "Só por hoje serei feliz, porque fui criado para ser feliz, não só no outro mundo, mas também neste" (Santo papa João XXIII).

O que nós perdemos em nosso dia a dia? Perdemos a simples e transformadora bênção da "leitura de fé" dos eventos que pautam nossa vida.

Os testemunhos relatados neste livro visam atingir nossa mente: "Mudar no pensamento para mudar no comportamento!" A leitura de fé dos eventos cotidianos nos leva a descobrir e assumir a experiência do Papa, que abriu o Concílio Vaticano II: "Manter-me sob as asas abertas da Divina Providência, tanto ao sucesso quanto ao insucesso: e quanto às dificuldades que no dia a dia vão acontecer. Desejo aceitar tudo de bom coração, como o melhor que me possa acontecer, para glória de Deus Pai e para minha felicidade".

A leitura de fé dos acontecimentos nos leva a descobrir os toques de carinho e de ternura da Divina Providência. Assim, com inefável alegria, ficamos motivados para agradecer e para cantar nosso "Magnificat".

A atitude de agradecer gera em nós "O círculo virtuoso": bênção sobre bênção, graça sobre graça, maravilha sobre maravilha. Já aconteceu isso na vida dos dez leprosos: só um voltou para agradecer. Enquanto os nove ficaram só com a graça da cura, aquele que voltou para agradecer recebeu também a graça da fé: maravilha das maravilhas!

Desejo e rezo que os leitores dessas páginas possam experimentar duas bênçãos: tornarem-se alegres discípulos e felizes missionários de Jesus, nosso maior e melhor Amigo, Caminho, Verdade e Vida.

ÍNDICE